受験は三省堂

FP 2級

光速 PASS AT THE SPEED OF LIGHT!!
合格プラン

竹井弘二・国分さやか 著

三省堂

- ●復興特別所得税について
  本テキストでは、本試験の取扱いと同様に、特に指示のない限り、復興特別所得税を考慮しない表示をしています。
- ●法改正等に関する最新情報について
  各著者のホームページに随時掲載します。
  ☞竹井：http://www.luminoso.co.jp
  　国分：http://www.fonwaca.com

● はしがき ●

　この本は、FP 2級合格に必要な知識をもっとも合理的に習得するために設計されたテキストです。本書では、①各課冒頭ページで箇条書き形式の暗記知識を覚えてもらい、②2ページ目のドリルでその暗記知識を徹底し、③3〜4ページ目では、実際に出題された過去問題またはオリジナル新作予想問題を解いてもらうことで、実践力を養ってもらいます。

　過去問題・予想問題の解説では、選択肢ごとに該当する各課冒頭の箇条書き解説番号を「⇨」で示しています。いつでも、各課冒頭の箇条書き解説に戻り、繰り返し勉強ができるようになっています。

　しかし、過去問題の中には、箇条書き解説に含まれていない知識や、その課の学習時点で未知の知識も紛れ込んでいます。その場合でも、みなさんが正解に到達できるよう、本書では、次のような攻略法を用意しました。

▶**一発必中法**　他の選択肢が未知であっても、正解となる1つの選択肢だけをピンポイントで特定し、自信を持って正誤が判定できる方法です。

▶**消去法**　正解となる選択肢が未知であっても、他の3つの選択肢が適切または不適切であることを、確実に自信を持って判定することで正解を選ぶ方法です。

　本書では、可能な限り、このいずれかの手法により正解に到達できるように記述を工夫し、覚えるべき知識を厳選しました。このどちらかのアイコンがない場合は、原則としてすべての選択肢が本書の知識だけで正誤判定できるということになります。

　資格試験では、出題されるすべての内容について100%確実な知識を必要とするわけではありません。「合格に必要な知識」とは、上記「一発必中法」「消去法」のいずれかで合格ラインに到達できる程度の知識のことなのです。本書を繰り返し学習することで100%マスターしていただければ、みなさんは必ず合格を手にすることができると信じています。みなさんの成功を心からお祈りします。

著者　竹井　弘二
　　　国分さやか

FP2級　光速合格プラン／目次

はしがき

第1編　ライフプランニングと資金計画

1	FPと関連法規	2
2	6つの係数の使い方	6
3	ライフプランニングと資金計画	10
4	フラット35	14
5	公的医療保険	18
6	公的介護保険・雇用保険	22
7	労働者災害補償保険（労災保険）	26
8	年金制度の概要と国民年金	30
9	老齢基礎年金と繰上・繰下支給	34
10	老齢厚生年金	38
11	在職老齢年金	42
12	障害年金	46
13	遺族年金	50
14	その他の年金(1)	54
15	その他の年金(2)	58
16	中小法人の資金調達	62

第2編　リスク管理

1	生命保険(1)	68
2	生命保険(2)	72
3	個人年金	76
4	傷害保険	80
5	自動車保険	84
6	地震保険と企業のための保険	88
7	保険と税金(1)	92

| 8 | 保険と税金(2) | 96 |
| 9 | 契約者保護に関する制度と規制 | 100 |

第3編　金融資産運用

1	各種指標	106
2	マーケットの理解・金融政策と財政政策	110
3	金融市場・預金	114
4	投資信託(1)	118
5	投資信託(2)	122
6	債　券	126
7	株　式 (1)	130
8	株　式 (2)	134
9	外貨建て商品・デリバティブ、ポートフォリオ運用	138
10	金融商品と税金	142
11	セーフティーネット・金融取引に関する法律	146

第4編　タックスプランニング

1	税金の種類と所得税の基礎知識	152
2	青色申告	156
3	各所得の金額の計算(1)	160
4	各所得の金額の計算(2)	164
5	損益通算と繰越控除	168
6	所得控除	172
7	税額控除・更正	176
8	法　人　税	180
9	消　費　税	184

第5編　不　動　産

| 1 | 不動産の調査 | 190 |

2	不動産の価格・不動産の取引(1)	194
3	不動産の取引(2)	198
4	不動産の取引(3)	202
5	法令上の制限(1)	206
6	法令上の制限(2)	210
7	法令上の制限(3)	214
8	不動産の取得・保有に関する税金	218
9	不動産の譲渡に関する税金	222
10	不動産の賃貸に関する税金、消費税・不動産の有効活用	226
11	不動産の投資判断	230

第6編　相続・事業承継

1	贈与と法律	236
2	贈与と税金(1)	240
3	贈与と税金(2)	244
4	相続と法律(1)	248
5	相続と法律(2)	252
6	相続と税金(1)	256
7	相続と税金(2)	260
8	相続と税金(3)	264
9	相続財産の評価(1)	268
10	相続財産の評価(2)	272
11	相続・事業承継対策・成年後見制度	276

第1編

ライフプランニングと資金計画

FPと関連法規

目標5分　覚えるのはたったコレだけ!!

1　税理士資格と弁護士資格

①税理士資格を有しないFPは、顧客の確定申告書の**作成**等の**具体的**な税額計算をしてはならない。

②税理士資格を有しないFPは、架空のモデルケースにおける税額の計算方法や**一般的な税法**の解説をしてもよい。

③弁護士資格を有しないFPは、遺産分割の利害調整などの**弁護士業務**を行ってはならない。

④弁護士資格を有しないFPは、相続について、民法の該当条文を示して**一般的な解説**を行ってもよい。

2　その他の資格

⑤生命保険募集人の登録を受けていないFPは、保険の**勧誘・募集**を行ってはならない。

⑥生命保険募集人の登録を受けていないFPは、顧客の**必要保障額**を具体的に試算してもよい。

⑦金融商品取引業の登録を受けていないFPは、投資助言をしてはならない。

⑧金融商品取引業の登録を受けていないFPは、投資判断の前提となる**情報**の提供をしてもよい。

⑨宅地建物取引業の免許を受けていないFPは、不動産貸借の**媒介**を行って仲介手数料を受け取ってはならない。

⑩他資格を有しないFPは、顧客の遺言の作成時に**証人**として立ち会い、顧客から適正な報酬を受け取ってもよい。

⑪他資格を有しないFPは、顧客からの依頼により**任意後見人**になってもよい。

目標2分 ○か×か？ 暗記確認ドリル

1 税理士資格と弁護士資格

- 税理士資格を有しない FP は、顧客の確定申告書の作成等の具体的な税額計算をしてはならない。 ☞①答○
- 税理士資格を有しない FP は、架空のモデルケースにおける税額の計算方法や一般的な税法の解説をしてもよい。 ☞②答○
- 弁護士資格を有しない FP は、遺産分割の利害調整などの弁護士業務を行ってはならない。 ☞③答○
- 弁護士資格を有しない FP は、相続について、民法の該当条文を示して一般的な解説を行ってもよい。 ☞④答○

2 その他の資格

- 生命保険募集人の登録を受けていない FP は、保険の勧誘・募集を行ってもよい。 ☞⑤答×
- 生命保険募集人の登録を受けていない FP は、顧客の必要保障額を具体的に試算してはならない。 ☞⑥答×
- 金融商品取引業の登録を受けていない FP は、投資助言をしてもよい。 ☞⑦答×
- 金融商品取引業の登録を受けていない FP は、投資判断の前提となる情報の提供をしてもよい。 ☞⑧答○
- 宅地建物取引業の免許を受けていない FP は、不動産貸借の媒介を行って仲介手数料を受け取ってはならない。 ☞⑨答○
- 他資格を有しない FP は、顧客の遺言の作成時に証人として立ち会い、顧客から適正な報酬を受け取ってはならない。 ☞⑩答×
- 他資格を有しない FP は、顧客からの依頼により任意後見人になってもよい。 ☞⑪答○

目標5分 過去問・予想問にチャレンジ

【問題】
ファイナンシャル・プランナー（以下「FP」という）が、ファイナンシャル・プランニング業務を行ううえでは「関連業法」を順守することが重要である。FPの行為に関する次の（ア）～（エ）の記述について、適切なものには○、不適切なものには×を解答欄に記入しなさい。

（ア）弁護士資格を有していないFP（遺言者や公証人と利害関係はない）が、顧客から依頼され、公正証書遺言の証人となった。
（イ）宅地建物取引業の免許を受けていないFPが、賃貸マンションを所有する顧客から依頼され、業務の一環として、貸借の媒介を行って仲介手数料を受け取った。
（ウ）投資助言・代理業の登録をしていないFPが、顧客のコンサルティング中に特定の企業について具体的な投資時期等の判断や助言を行った。
（エ）司法書士資格を有していないFPが、顧客の任意後見人となる契約を締結した。

（実技 2016.1 問1）

【解説】
正解　（ア）○　（イ）×　（ウ）×　（エ）○

（ア）**適切**　公正証書遺言の証人には特に資格を必要としないため、弁護士資格を有していないFPが証人になることもできる。　⇨⑩
（イ）**不適切**　不動産の売買・交換・賃貸の媒介等は、宅地建物取引業の免許がないと行うことができない。　⇨⑨
（ウ）**不適切**　金融商品取引業の登録を受けていないFPは、個別具体的な投資助言をしてはならない。　⇨⑦
（エ）**適切**　任意後見人には特に資格を必要としないため、司法書士資格を有していないFPが任意後見人になることもできる。　⇨⑪

目標5分 過去問・予想問にチャレンジ

【問題】
税理士資格を有していないファイナンシャル・プランナー（以下「FP」という）が、次の（ア）〜（エ）の行為を行う場合、FPとして適切なものには○、不適切なものには×を解答欄に記入しなさい。

（ア）無償で、顧客からの依頼により確定申告書を作成すること。
（イ）セミナーの講師として、一般的な税法の解説をすること。
（ウ）無料相談会において、仮定の事例に基づく税額の計算方法を説明すること。
（エ）顧客からの相続対策の相談に際して税額を試算し、具体的な節税額を示した不動産活用による相続税対策の提案を行うこと。

（実技 2015.9 問1）

【解説】
正解　（ア）×　（イ）○　（ウ）○　（エ）×

（ア）不適切　税理士資格を有していない場合は、有償・無償問わず税務書類の作成を行うことができない。　⇨①
（イ）適切　税理士資格を有していなくとも、一般的な税法の解説をすることができる。　⇨②
（ウ）適切　税理士資格を有していなくとも、モデルケースなどを利用して一般的な税額の計算方法を説明することができる。　⇨②
（エ）不適切　税理士資格を有していない場合は、個別具体的な税務相談を受けることができない。　⇨①

2 6つの係数の使い方

目標5分 覚えるのはたったコレだけ!!

１　現在ある元本に乗じて将来の金額を求める係数

①**終価**係数とは、現在ある元本を、一定の利率で複利運用した場合、数年後の金額を求める際に、元本に乗じる係数である。

②**年金終価**係数とは、現在ある元本を、一定の利率で複利運用しながら毎年積み立てた場合、数年後の金額を求める際に、元本に乗じる係数である。

③**資本回収**係数とは、現在ある元本を、一定の利率で複利運用しながら、数年間で分割して受け取る場合、毎年受け取ることができる金額を求める際に、元本に乗じる係数である。

④**資本回収**係数は、借入金額を、一定の利息を支払いながら返済する場合、毎年の返済額を求める際に、借入金額に乗じる係数である。

２　ほしい金額に乗じて現在必要な元本を求める係数

⑤**現価**係数とは、一定の利率で複利運用し、数年後に決まった金額を受け取りたい場合、現在必要な元本を求める際に決まった金額に乗じる係数である。

⑥**減債基金**係数とは、一定の利率で複利運用し、数年後に決まった金額を受け取りたい場合、毎年積立てが必要な元本を求める際に決まった金額に乗じる係数である。

⑦**年金現価**係数とは、一定の利率で複利運用し、毎年決まった金額を受け取りたい場合、現在必要な元本を求める際に決まった金額に乗じる係数である。

目標2分 ○か×か？ 暗記確認ドリル

1 現在ある元本に乗じて将来の金額を求める係数

☐☐☐ 終価係数とは、現在ある元本を、一定の利率で複利運用した場合、数年後の金額を求める際に、元本に乗じる係数である。　☞①答○

☐☐☐ 年金終価係数とは、現在ある元本を、一定の利率で複利運用しながら、数年間で分割して受け取る場合、毎年受け取ることができる金額を求める際に、元本に乗じる係数である。　☞②答×

☐☐☐ 資本回収係数とは、現在ある元本を、一定の利率で複利運用しながら毎年積み立てた場合、数年後の金額を求める際に、元本に乗じる係数である。　☞③答×

☐☐☐ 資本回収係数は、借入金額を、一定の利息を支払いながら返済する場合、毎年の返済額を求める際に、借入金額に乗じる係数である。　☞④答○

2 ほしい金額に乗じて現在必要な元本を求める係数

☐☐☐ 現価係数とは、一定の利率で複利運用し、数年後に決まった金額を受け取りたい場合、現在必要な元本を求める際に決まった金額に乗じる係数である。　☞⑤答○

☐☐☐ 減債基金係数とは、一定の利率で複利運用し、毎年決まった金額を受け取りたい場合、現在必要な元本を求める際に決まった金額に乗じる係数である。　☞⑥答×

☐☐☐ 年金現価係数とは、一定の利率で複利運用し、数年後に決まった金額を受け取りたい場合、毎年積立てが必要な元本を求める際に決まった金額に乗じる係数である。　☞⑦答×

目標5分 過去問・予想問にチャレンジ

【問題】
下記の係数早見表を乗算で使用し、各問について計算しなさい。なお、税金は一切考慮しないこととする。

【係数早見表（年利1.0％）】

	終価係数	現価係数	減債基金係数	資本回収係数	年金終価係数	年金現価係数
1年	1.010	0.990	1.000	1.010	1.000	0.990
2年	1.020	0.980	0.498	0.508	2.010	1.970
3年	1.030	0.971	0.330	0.340	3.030	2.941
4年	1.041	0.961	0.246	0.256	4.060	3.902
5年	1.051	0.952	0.196	0.206	5.101	4.853
6年	1.062	0.942	0.163	0.173	6.152	5.795
7年	1.072	0.933	0.139	0.149	7.214	6.728
8年	1.083	0.924	0.121	0.131	8.286	7.652
9年	1.094	0.914	0.107	0.117	9.369	8.566
10年	1.105	0.905	0.096	0.106	10.462	9.471
15年	1.161	0.861	0.062	0.072	16.097	13.865
20年	1.220	0.820	0.045	0.055	22.019	18.046
25年	1.282	0.780	0.035	0.045	28.243	22.023
30年	1.348	0.742	0.029	0.039	34.785	25.808

※記載されている数字は正しいものとする。

（ア）吉田さんは、マイホームの購入資金の一部として、これから毎年年末に1回ずつ一定金額を積み立てて、10年後に2,000万円を準備したいと考えている。10年間、年利1.0％で複利運用する場合、毎年いくらずつ積み立てればよいか。

（イ）三上さんは、現在保有している貯蓄の一部を運用して、15年後に開業するための資金1,000万円を用意したいと考えている。15年間、年利1.0％で複利運用する場合、開業するために運用する資金を現時点でいくらとすればよいか。

目標5分 過去問・予想問にチャレンジ

（ウ）小山さんは、老後の生活資金の準備として、毎年年末に100万円を積み立てる予定である。15年間、年利1.0%で複利運用する場合、15年後の合計額はいくらになるか。

（実技2016.1 問25～27）

【解説】
正解（ア）1,920,000円　（イ）8,610,000円　（ウ）16,097,000円

（ア）一定の利率で複利運用し、数年後に決まった金額を受け取りたい場合、毎年積立てが必要な元本を求める際には、決まった金額に**減債基金係数**（10年後の0.096）を乗じる。　⇨⑥

20,000,000円×0.096=1,920,000円

（イ）一定の利率で複利運用し、数年後に決まった金額を受け取りたい場合、現在必要な元本を求める際に、元本に**現価係数**（15年後の0.861）を乗じる。　⇨⑤

1,000,000円×0.861=8,610,000円

（ウ）現在ある元本を、一定の利率で複利運用しながら毎年積み立てた場合、数年後の金額を求める際には、積立元本に**年金終価係数**（15年後の16.097）を乗じる。　⇨②

1,000,000円×16.097=16,097,000円

3 ライフプランニングと資金計画

目標5分 覚えるのはたったコレだけ!!

1 教育資金計画

①独立行政法人日本学生支援機構の奨学金には、<u>家計支持者</u>の年収・所得の上限額がある。

②独立行政法人日本学生支援機構の奨学金には、無利息で貸与を受けられる第一種奨学金と、<u>利息付</u>（在学中は無利息）貸与の第二種奨学金があり、第二種奨学金の方が選考基準が緩やかである。

③第一種奨学金、第二種奨学金ともに返還義務があり、原則として在学期間終了<u>6か月経過後</u>から返還が始まる。

④日本政策金融公庫の教育一般貸付の融資限度額は、原則として子ども1人につき<u>350万</u>円とされている。

⑤日本政策金融公庫の教育一般貸付の資金使途は、幅広く認められている。

⑥日本政策金融公庫の教育一般貸付の利用には、<u>子どもの人数</u>に応じて定められた年収制限がある。

⑦日本政策金融公庫の教育一般貸付と独立行政法人日本学生支援機構の奨学金は、同一世帯内で<u>重複して</u>利用することができる。

2 住宅資金計画

⑧住宅ローンの返済方法には、元利均等返済方式と元金均等返済方式があり、総返済額が少ないのは<u>元金</u>均等返済方式である。

⑨住宅ローンを借り換える際は、借換先に公的ローンを利用することはできない。

⑩住宅ローンの一部繰上返済には、毎月の返済額を変更せずに残りの返済期間を短くする<u>返済期間短縮型</u>と、返済期間を変更せずに毎月の返済額を減額する<u>返済額軽減型</u>がある。

⑪繰上返済額などの他の条件が同一であれば、<u>返済期間短縮型</u>の繰上返済は返済額軽減型の繰上返済よりも利息の軽減効果が<u>大きい</u>。

目標2分 〇か×か？ 暗記確認ドリル

1 教育資金計画

☐☐☐ 独立行政法人日本学生支援機構の奨学金には、家計支持者の年収・所得の上限額がある。　☞①答〇

☐☐☐ 独立行政法人日本学生支援機構の奨学金には、無利息で貸与を受けられる第二種奨学金と、利息付（在学中は無利息）貸与の第一種奨学金があり、第二種奨学金の方が選考基準が緩やかである。　☞②答×

☐☐☐ 第一種奨学金、第二種奨学金ともに返還義務があり、原則として在学期間終了と同時に返還が始まる。　☞③答×

☐☐☐ 日本政策金融公庫の教育一般貸付の融資限度額は、原則として子ども1人につき300万円とされている。　☞④答×

☐☐☐ 日本政策金融公庫の教育一般貸付の資金使途は授業料のみである。　☞⑤答×

☐☐☐ 日本政策金融公庫の教育一般貸付の利用には年収制限はない。　☞⑥答×

☐☐☐ 日本政策金融公庫の教育一般貸付と独立行政法人日本学生支援機構の奨学金は、同一世帯内で重複して利用することができない。　☞⑦答×

2 住宅資金計画

☐☐☐ 住宅ローンの返済方法には、元利均等返済方式と元金均等返済方式があり、総返済額が少ないのは元利均等返済方式である。　☞⑧答×

☐☐☐ 住宅ローンを借り換える際は、借換先に公的ローンを利用することはできない。　☞⑨答〇

☐☐☐ 住宅ローンの一部繰上返済には、毎月の返済額を変更せずに残りの返済期間を短くする返済期間短縮型と、返済期間を変更せずに毎月の返済額を減額する返済額軽減型がある。　☞⑩答〇

☐☐☐ 繰上返済額などの他の条件が同一であれば、返済額軽減型の繰上返済は返済期間短縮型の繰上返済よりも利息の軽減効果が大きい。　☞⑪答×

目標5分 過去問・予想問にチャレンジ

【問題】

教育ローンおよび奨学金に関する次の記述のうち、最も不適切なものはどれか。

1. 日本政策金融公庫の教育一般貸付を利用するためには、保護者の世帯年収（所得）が申込人の世帯で扶養している子どもの人数に応じて定められている金額以内であることが要件とされている。
2. 日本政策金融公庫の教育一般貸付の資金使途は、入学金や授業料などの学校納付金に限られ、自宅外から通学する学生の住居にかかる費用は対象外である。
3. 日本政策金融公庫の教育一般貸付の申込人は、学生の保護者であるが、所定の要件を満たす学生本人も申込人となることができる。
4. 独立行政法人日本学生支援機構の奨学金制度のうち、無利息で貸与を受けられる第一種奨学金は、特に優れた者であって経済的理由により著しく修学に困難があるものと認定された者に貸与される。

（学科 2016.1 問9）

【解説】

正解 2

1. 適切 日本政策金融公庫の教育一般貸付の利用は、世帯年収が扶養している子どもの人数によって定められた金額以内であることが要件とされている。 ⇨⑥
2. 不適切 日本政策金融公庫の教育一般貸付の資金使途は、入学金や授業料のほか、受験費用や住居費、通学費用、国民年金保険料等幅広く認められている。 ⇨⑤
3. 適切 日本政策金融公庫の教育一般貸付の申込人は、原則として学生の保護者であるが、安定収入がある場合等要件を満たす場合は学生本人が申込人となることができる。
4. 適切 独立行政法人日本学生支援機構の奨学金には、無利息で貸与を受けられる第一種奨学金と、利息付（在学中は無利息）貸与の第二種奨学金がある。第二種奨学金は第一種奨学金に比較して基準が緩やかである。 ⇨②

目標5分 過去問・予想問にチャレンジ

【問題】
昌宏さんは自分が学生時代に奨学金を利用していたため、現在の奨学金制度が気になって調べてみた。昌宏さんが調べた独立行政法人日本学生支援機構の奨学金に関する下表の空欄（ア）～（ウ）にあてはまる語句の組み合わせとして、正しいものはどれか。

		第一種奨学金	第二種奨学金
利息	在学中	なし	なし
	卒業後	（ ア ）	あり
返還義務		（ イ ）	あり
募集時期	予約採用	在学している学校に確認	在学している学校に確認
	在学採用	毎年春	毎年春
家計支持者の年収・所得の上限額の有無		（ ウ ）	あり

1．（ア）なし　（イ）あり　（ウ）あり
2．（ア）あり　（イ）あり　（ウ）なし
3．（ア）なし　（イ）なし　（ウ）なし
4．（ア）あり　（イ）なし　（ウ）あり

（実技 2014.1 問 24）

【解説】
正解　1

（ア）第一種奨学金は在学中、卒業後ともに無利息である。なお、第二種奨学金の利息は、原則として在学期間終了の翌月から支払うこととなる。　⇨②
（イ）第一種奨学金、第二種奨学金ともに返還義務があり、原則として在学期間終了6ヶ月経過後から元金部分の返還が始まる。　⇨③
（ウ）第一種奨学金、第二種奨学金ともに家計支持者の年収・所得の上限額があり、給与所得者は源泉徴収票の支払金額で、給与所得者以外は確定申告書等の所得金額で判定される。　⇨①

4 フラット35

目標5分 覚えるのはたったコレだけ!!

1 フラット35の基礎知識

①フラット35は、最長**35**年の長期**固定**金利の民間住宅ローンである。
②フラット35の資金使途は、申込者またはその親族が居住するための新築住宅の建設・購入資金や中古住宅の購入資金などとされ、現在居住している住宅のリフォーム資金として利用することはできない。
③フラット35の融資対象は、建設費または購入価額が**1億円**以下の住宅である。
④フラット35の融資対象となる住宅は、一戸建ての場合などは**70**㎡以上、マンションなどは**30**㎡以上の床面積がある住宅である。
⑤フラット35の融資金額は、住宅の建設費等の**100%**以内であり、**8,000万円**が上限とされている。
⑥フラット35の融資期間の上限は、申込者が**80歳**になるまでの年数と35年のうち、いずれか短い年数である。下限は**15年**である。
⑦フラット35の利用に際し、保証人は**不要**である。
⑧フラット35の返済方式は、元利均等返済方式と元金均等返済方式から選択することができる。
⑨フラット35の繰上返済は**100万円**から可能で、手数料は**かからない**。
⑩「住・My Note」に登録をすると**10万円**から繰上返済をすることができる。

2 フラット35の金利

⑪フラット35の融資金利は取扱金融機関により**異なる**。
⑫フラット35の融資金利は、**融資実行時点**（資金の受取時）の金利が適用される。

目標2分 ○か×か？ 暗記確認ドリル

1　フラット35の基礎知識

☐☐☐ フラット35は、最長35年の変動金利の民間住宅ローンである。
☞①答 ×

☐☐☐ フラット35の資金使途は、現在居住している住宅のリフォーム資金として利用することもできる。
☞②答 ×

☐☐☐ フラット35の融資対象は、建設費または購入価額が8,000万円以下の住宅である。
☞③答 ×

☐☐☐ フラット35の融資対象となる住宅は、一戸建ての場合などは50㎡以上、マンションなどは30㎡以上の床面積がある住宅である。
☞④答 ×

☐☐☐ フラット35の融資金額は、住宅の建設費等の90%以内であり、1億円が上限とされている。
☞⑤答 ×

☐☐☐ フラット35の融資期間の上限は、申込者が70歳になるまでの年数と35年のうち、いずれか短い年数である。
☞⑥答 ×

☐☐☐ フラット35の利用に際し、保証人が必要である。
☞⑦答 ×

☐☐☐ フラット35の返済方式は、元利均等返済方式と元金均等返済方式から選択することができる。
☞⑧答 ○

☐☐☐ フラット35の繰上返済は100万円から可能で、手数料はかからない。
☞⑨答 ○

☐☐☐ 「住・My Note」に登録をすると10万円から繰上返済をすることができる。
☞⑩答 ○

2　フラット35の金利

☐☐☐ フラット35の融資金利は、住宅金融支援機構が融資期間に応じて決定しており、取扱金融機関により異なることはない。
☞⑪答 ×

☐☐☐ フラット35の融資金利は、融資申込時点の金利が適用される。
☞⑫答 ×

目標5分 過去問・予想問にチャレンジ

【問題】
住宅金融支援機構と民間金融機関が提携した住宅ローンであるフラット35（買取型）に関する次の記述のうち、最も適切なものはどれか。

1. 融資金利は、一律ではなく、取扱金融機関がそれぞれ独自に設定している。
2. 住宅金融支援機構のインターネットサービス「住・My Note」を利用して一部繰上げ返済を申し込む場合、返済可能な金額は100万円以上である。
3. 融資対象となる一戸建て住宅は、住宅金融支援機構が定めた技術基準に適合し、かつ、床面積が50㎡以上の住宅である。
4. 融資期間は、原則として申込者が80歳になるまでの年数と35年のいずれか短い年数が上限とされているが、下限は定められていない。

（学科 2015.5 問9）

【解説】
正解　1

1. 適切　フラット35の融資金利は取扱金融機関により異なる。　⇨⑪
2. 不適切　住宅金融支援機構のインターネットサービス「住・My Note」を利用して一部繰上げ返済を申し込む場合、返済可能な金額は10万円以上である。　⇨⑩
3. 不適切　フラット35の融資対象となる住宅は、一戸建ての場合などは70㎡以上、マンションなどは30㎡以上の床面積がある住宅である。　⇨④
4. 不適切　フラット35の融資期間の上限は、申込者が80歳になるまでの年数と35年のうち、いずれか短い年数であり、下限は15年である。　⇨⑥

目標5分 過去問・予想問にチャレンジ

【問　題】
優介さんは、マンション取得時の住宅ローンとして、「フラット35（買取型）」に関心がある。「フラット35（買取型）」に関する下表の空欄（ア）～（ウ）に入る適切な語句を語群の中から選び、その番号のみを解答欄に記入しなさい。

借入額	100万円以上（　ア　）円以下（1万円単位）で、建設費または購入価額の100%以内
対象となる住宅	住宅金融支援機構が定めた技術基準に適合した住宅で、以下の床面積の住宅 ・一戸建て住宅、連続建て住宅、重ね建て住宅の場合：（　イ　）以上 ・共同住宅（マンションなど）の場合：30㎡以上
借入金利	全期間固定金利であり、（　ウ　）時の金利が適用される
返済方法	元利均等返済または元金均等返済

<語群>
1．6,000万　　2．8,000万　　3．9,000万　　4．40㎡　　5．60㎡
6．70㎡　　7．融資の申込み　　8．物件検査申請　　9．資金の受取り

（実技2013.9 問29 改題）

【解　説】
正解　（ア）**2**　（イ）**6**　（ウ）**9**

（ア）フラット35の融資金額は、住宅の建設費等の100%以内であり、8,000万円が上限とされている。　　⇨⑤
（イ）フラット35の融資対象となる住宅は、一戸建ての場合などは70㎡以上、マンションなどは30㎡以上の床面積がある住宅である。　　⇨④
（ウ）フラット35の融資金利は、融資実行時点（資金の受取り時）の金利が適用される。　　⇨⑫

5 公的医療保険

目標5分　覚えるのはたったコレだけ!!

1 健康保険と国民健康保険

①傷病手当金は、健康保険の被保険者が業務外の事由による療養のため仕事を<u>連続して3日</u>以上休み、報酬を受けられなかった場合に、<u>4日目</u>以降の労務に服することができない日に対して支給される。

②健康保険の傷病手当金の額は、休業1日につき支給開始日以前の継続した12か月間の標準報酬月額の平均を30で割った額の<u>3分の2</u>相当額で、最長<u>1年6か月</u>支給される。

③健康保険と国民健康保険には出産育児一時金があり、被保険者が産科医療補償制度に加入する医療機関で出産した場合、1児につき<u>42万円</u>が給付される。

④健康保険と国民健康保険の医療費の自己負担割合は、原則として小学校就学までは2割、小学校就学より70歳未満は<u>3割</u>、70歳以上75歳未満は2割である。

⑤健康保険では、60歳未満の場合、年収が<u>130万円</u>未満かつ被保険者の年収の<u>2分の1</u>未満である等要件を満たすと被扶養者となることができる。

⑥国民健康保険には扶養の概念がなく、一人一人が被保険者となる。

⑦健康保険の被保険者期間が継続して<u>2か月</u>以上ある場合、退職後<u>20日以内</u>に申請すると、退職後<u>2年間</u>任意継続被保険者として健康保険に加入することができる。

⑧健康保険の任意継続被保険者の保険料は労使折半とならず、<u>全額</u>をその被保険者が負担する。

2 後期高齢者医療制度

⑨<u>75</u>歳以上の者または一定の障害認定を受けた<u>65</u>歳以上75歳未満の者は、後期高齢者医療制度に加入する。

⑩後期高齢者医療制度の自己負担割合は原則<u>1</u>割、現役並み所得者は3割。

⑪後期高齢者医療制度の保険料は、<u>市町村</u>が徴収する。

目標2分 〇か×か？ 暗記確認ドリル

1 健康保険と国民健康保険

☐☐☐ 傷病手当金は、健康保険の被保険者が業務外の事由による療養のため仕事を連続して3日以上休み、報酬を受けられなかった場合に、3日目以降の労務に服することができない日に対して支給される。 ☞①答 ×

☐☐☐ 傷病手当金の額は、休業1日につき支給開始日以前の継続した12か月間の標準報酬月額の平均を30で割った額の3分の2相当額で、最長1年6か月支給される。 ☞②答 〇

☐☐☐ 健康保険と国民健康保険には出産育児一時金があり、被保険者が産科医療補償制度に加入する医療機関で出産した場合、1児につき42万円が給付される。 ☞③答 〇

☐☐☐ 健康保険と国民健康保険の医療費の自己負担割合は、原則として小学校就学までは2割、小学校就学より70歳未満は3割、70歳以上75歳未満は2割である。 ☞④答 〇

☐☐☐ 健康保険では、60歳未満の場合、年収が130万円未満かつ被保険者の年収の2分の1未満である等要件を満たすと被扶養者となることができる。 ☞⑤答 〇

☐☐☐ 国民健康保険には扶養の概念がなく、一人一人が被保険者となる。 ☞⑥答 〇

☐☐☐ 被保険者期間が継続して2か月以上ある場合、退職後14日以内に申請すると、退職後2年間任意継続被保険者として健康保険に加入することができる。 ☞⑦答 ×

☐☐☐ 健康保険の任意継続被保険者の保険料は、労使折半である。 ☞⑧答 ×

2 後期高齢者医療制度

☐☐☐ 75歳以上の者または一定の障害認定を受けた65歳以上75歳未満の者は、後期高齢者医療制度に加入する。 ☞⑨答 〇

☐☐☐ 後期高齢者医療制度の自己負担割合は、原則3割である。 ☞⑩答 ×

☐☐☐ 後期高齢者医療制度の保険料は、市町村が徴収する。 ☞⑪答 〇

目標5分 過去問・予想問にチャレンジ

【問題】
国民健康保険（退職者医療制度を除く）に関する次の記述のうち、最も不適切なものはどれか。
1．国民健康保険の被保険者の資格取得の届出は、資格を取得した日から14日以内に行うものとされている。
2．国民健康保険の各年度における保険料（税）には、最高限度額が定められている。
3．国民健康保険には被扶養者という区分はなく、加入者全員が被保険者となる。
4．国民健康保険の医療費の一部負担金（自己負担額）の割合は、被保険者の年齢にかかわらず、一律3割とされている。

（学科 2015.1 問3）

【解説】
正解　4

1．適切　国民健康保険の被保険者の資格取得の届出は、資格を取得した日から14日以内に行うものとされている。なお、健康保険の任意継続被保険者の申請は健康保険の被保険者でなくなった日から20日以内に行うものとされている。

2．適切　国民健康保険の各年度における保険料（税）には、最高限度額が定められている。

3．適切　国民健康保険には扶養の概念がなく、一人一人が被保険者となる。　⇨⑥

4．不適切　国民健康保険の医療費の自己負担割合は、健康保険と同じく、原則として小学校就学までは2割、小学校就学より70歳未満は3割、70歳以上75歳未満は2割である。　⇨④

目標5分 過去問・予想問にチャレンジ

【問題】
邦彦さんは、後期高齢者医療制度について理解を深めたいと思い、FPの伊丹さんに質問をした。後期高齢者医療制度に関する下表の空欄（ア）～（ウ）に入る適切な語句を語群の中から選び、その番号のみを解答欄に記入しなさい。

保険者（運営主体）	都道府県単位で設立された後期高齢者医療広域連合
被保険者	75歳以上の者または一定の障害認定を受けた（　ア　）以上75歳未満の者
一部負担金の割合	原則、医療費の（　イ　）（現役並み所得者は3割）
保険料（徴収方法を含む）	・原則、被保険者全員に賦課 ・特別徴収（公的年金からの引き落とし）または普通徴収（口座振替・銀行振込等）の方法により（　ウ　）が徴収

<語群>
1. 60歳　2. 65歳　3. 70歳　4. 1割　5. 2割
6. 都道府県　7. 健康保険組合　8. 市町村

（実技2016.1 問39）

【解説】
正解　（ア）2　（イ）4　（ウ）8

（ア）75歳以上の者または一定の障害認定を受けた65歳以上75歳未満の者は、後期高齢者医療制度に加入する。　⇨⑨
（イ）後期高齢者医療制度の自己負担割合は、原則として1割、現役並み所得者は3割である。　⇨⑩
（ウ）後期高齢者医療制度の実施の主体は都道府県高齢者医療広域連合および市町村であり、保険料は市町村が徴収する。　⇨⑪

6 公的介護保険・雇用保険

目標5分 覚えるのはたったコレだけ!!

1 公的介護保険

① **40歳**以上65歳未満の医療保険加入者は公的介護保険の第2号被保険者に、**65歳**以上の者は公的介護保険の第1号被保険者に区分される。

② 公的介護保険の第2号被保険者は、老化に起因する特定疾病が原因で、介護が必要と認定された場合に**限り**、給付を受けることができる。

③ 要介護認定を受けた被保険者の居宅サービス計画(ケアプラン)は、介護支援専門員(ケアマネージャー)に**無料**で作成を依頼できるが、被保険者本人が作成することもできる。

④ 公的介護保険では、原則として、食費と居住費等を除いてかかった費用の**1割**を負担する。

⑤ 介護サービス利用者負担額が一定の上限額を超えた場合、超えた分が高額介護サービス費として支給される。

2 雇用保険

⑥ 基本手当の原則的な受給資格要件は、離職の日以前**2年間**に、被保険者期間が通算して**12か月**以上あることである。

⑦ 高年齢雇用継続給付金は、原則として60歳到達時に雇用保険の被保険者期間が**5年**以上あり、賃金の額が60歳到達時の**75%**未満であるときに支給される。

⑧ 高年齢雇用継続給付金の支給対象月は、原則として、60歳に達した日の属する月から65歳に達する日の属する月までの期間内にある月である。

⑨ 高年齢雇用継続給付金の1か月当たりの支給額は、支給対象月に支払われた賃金の**15%**相当額が上限となる。

⑩ 育児休業給付金の受給資格要件は、育児休業を開始した日前**2年間**に、みなし被保険者期間が通算して**12か月**以上あることである。

目標2分 〇か×か？ 暗記確認ドリル

1 公的介護保険

☐☐☐ 45歳以上65歳未満の医療保険加入者は公的介護保険の第2号被保険者に、65歳以上の者は公的介護保険の第1号被保険者に区分される。
☞①答 ×

☐☐☐ 公的介護保険の第2号被保険者は、原因を問わず、介護が必要と認定された場合に給付を受けることができる。 ☞②答 ×

☐☐☐ 要介護認定を受けた被保険者の居宅サービス計画（ケアプラン）は、介護支援専門員（ケアマネージャー）に無料で作成を依頼できるが、被保険者本人が作成することもできる。 ☞③答 〇

☐☐☐ 公的介護保険では、原則として、かかった費用全額の1割を負担する。
☞④答 ×

☐☐☐ 介護サービス利用者負担額が一定の上限額を超えた場合、超えた分が高額介護サービス費として支給される。 ☞⑤答 〇

2 雇用保険

☐☐☐ 基本手当の原則的な受給資格要件は、離職の日以前1年間に、被保険者期間が通算して6か月以上あることである。 ☞⑥答 ×

☐☐☐ 高年齢雇用継続給付金を受給するには、原則として60歳到達時に雇用保険の被保険者期間が1年以上あることが必要である。 ☞⑦答 ×

☐☐☐ 高年齢雇用継続給付金の支給対象月は、原則として、60歳に達した日の属する月から65歳に達する日の属する月までの期間内にある月である。 ☞⑧答 〇

☐☐☐ 高年齢雇用継続給付金の1か月当たりの支給額は、支給対象月に支払われた賃金の30%相当額が上限となる。 ☞⑨答 ×

☐☐☐ 育児休業給付金の受給資格要件は、育児休業を開始した日前2年間に、みなし被保険者期間が通算して12か月以上あることである。 ☞⑩答 〇

目標5分 過去問・予想問にチャレンジ

【問題】
介護保険法に関する次の記述のうち、最も適切なものはどれか。
1. 要介護認定を受けた被保険者の居宅サービス計画（ケアプラン）は、一般に介護支援専門員（ケアマネージャー）に作成を依頼するが、被保険者本人が作成することもできる。
2. 要介護認定を受けた被保険者が居宅で生活するために必要な段差解消の住宅改修を行った場合は、その全額が居宅介護住宅改修費として支給される。
3. 介護老人保健施設は、入浴や食事などの日常生活上の支援や療養上の世話などを提供する施設であり、要介護者と認定された者が終生入所することができる。
4. 介護老人福祉施設（特別養護老人ホーム）は、リハビリテーションを中心とした医療サービスを提供する施設であり、要支援者と認定された者がその施設サービスを受けることができる。

（学科 2015.9 問3）

【解説】
▶一発必中法

正解　1

1. **適切**　要介護認定を受けた被保険者の居宅サービス計画（ケアプラン）は、介護支援専門員（ケアマネージャー）に無料で作成を依頼できるが、被保険者本人が作成することもできる。　⇨③
2. **不適切**　要介護認定を受けた被保険者が居宅で生活するために必要な段差解消の住宅改修を行った場合は、その一部が居宅介護住宅改修費として支給される。
3. **不適切**　介護老人保険施設は、在宅復帰を目指す要介護者と認定された者に、入浴や食事などの日常生活上の支援や療養上の世話などを提供する施設である。
4. **不適切**　介護老人福祉施設（特別養護老人ホーム）は、原則として要介護度3以上と認定された者が入所し、日常的な健康管理や介護が行われるが医療サービスは行われない。

目標5分 過去問・予想問にチャレンジ

【問題】
雇用保険の雇用継続給付に関する次の記述のうち、最も適切なものはどれか。
1. 高年齢雇用継続基本給付金は、原則として、60歳以上65歳未満の雇用保険の一般被保険者に対して支給対象月に支払われた賃金の額が、当該被保険者の60歳到達時の賃金月額の85%未満であるときに支給される。
2. 高年齢再就職給付金は、60歳以上65歳未満の者が、基本手当を受給することなく安定した職業に再就職して雇用保険の一般被保険者となったときに支給される。
3. 育児休業給付金を受給するためには、原則として、一般被保険者が育児休業を開始した日前2年間に、みなし被保険者期間が通算して12ヵ月以上なければならない。
4. 介護休業給付金の支給において介護の対象となる家族とは、雇用保険の一般被保険者の配偶者、父母および子であり、配偶者の父母は含まれない。

（学科 2015.9 問4）

【解説】　　　　　　　　　　　　　　　　　　　　　▶一発必中法
正解　3
1. 不適切　高年齢雇用継続給付金は、賃金の額が、原則として60歳到達時の75%未満であるときに支給される。　⇨⑦
2. 不適切　高年齢再就職給付金は、60歳以上65歳未満の者が、基本手当を受給した後、基本手当の支給日数を100日以上残して安定した職業に再就職して雇用保険の一般被保険者となったときに支給される。
3. 適切　育児休業給付金を受給するためには、原則として、一般被保険者が育児休業を開始した日前2年間に、みなし被保険者期間が通算して12ヵ月以上なければならない。　⇨⑩
4. 不適切　介護休業給付金の支給において介護の対象となる家族とは、雇用保険の一般被保険者の配偶者、父母および子、配偶者の父母である。

7 労働者災害補償保険（労災保険）

目標5分 覚えるのはたったコレだけ!!

1 労災保険の基礎知識

①労災保険は、原則として、雇用形態は問わず1人でも労働者を使用している事業所に**強制的に**加入が義務付けられている。
②労災保険の保険料率は、災害発生率に応じ、事業の**種類**によって異なる。
③労災保険の保険料は、その**全額**を**事業主**が負担する。

2 業務災害に関する保険給付

④労働者が業務上の負傷や疾病により、労災指定病院で療養補償給付として受ける療養の給付については、労働者の一部負担金は**ない**。
⑤労働者が業務上または通勤途上の負傷や疾病による療養のため休業し、賃金を受けない日が**3日**以上に及ぶ場合、賃金を受けない日の**4日目**から休業補償給付が支給される。
⑥休業補償給付は、休業1日につき、給付基礎日額の**60%**相当額である。
⑦業務上の負傷や疾病が、療養開始後**1年6か月**を経過し、所定の要件を満たす場合、休業補償給付に代えて傷病補償年金が支給される。
⑧労働者の業務上または通勤途上の負傷や疾病が治癒し、身体等に一定の障害が残った場合に、その障害の程度が労働者災害補償保険法で規定する障害等級に該当するときは、障害補償給付が支給される
⑨遺族補償年金の支給額は、遺族補償年金の受給権者および受給権者と生計を同じくする**受給資格者の数**によって定められている。
⑩保険給付に関する事務は、**労働基準監督署**で行われる。

目標2分 〇か×か？ 暗記確認ドリル

1 労災保険の基礎知識

☐☐☐ 労災保険は、任意加入である。 ☞①答 ×
☐☐☐ 労災保険の保険料率は、事業の規模によって異なる。 ☞②答 ×
☐☐☐ 労災保険の保険料は、労使折半である。 ☞③答 ×

2 業務災害に関する保険給付

☐☐☐ 労働者が業務上の負傷や疾病により、労災指定病院で療養補償給付として受ける療養の給付については、労働者の一部負担金がある。 ☞④答 ×

☐☐☐ 労働者が業務上または通勤途上の負傷や疾病による療養のため休業し、賃金を受けない日が3日以上に及ぶ場合、賃金を受けない日の3日目から休業補償給付が支給される。 ☞⑤答 ×

☐☐☐ 休業補償給付は、休業1日につき、給付基礎日額の3分の2相当額である。 ☞⑥答 ×

☐☐☐ 業務上の負傷や疾病が、療養開始後1年を経過し、所定の要件を満たす場合、休業補償給付に代えて傷病補償年金が支給される。 ☞⑦答 ×

☐☐☐ 労働者の業務上または通勤途上の負傷や疾病が治癒し、身体等に一定の障害が残った場合に、その障害の程度が労働者災害補償保険法で規定する障害等級に該当するときは、障害補償給付が支給される。 ☞⑧答 〇

☐☐☐ 遺族補償年金の支給額は、一律である。 ☞⑨答 ×
☐☐☐ 保険給付に関する事務は、労働基準監督署で行われる。 ☞⑩答 〇

目標5分 過去問・予想問にチャレンジ

7 労働者災害補償保険（労災保険）

【問題】
労働者災害補償保険の給付に関する次の記述のうち、最も不適切なものはどれか。
1. 労働者が業務上の負傷または疾病の療養により労働することができないために賃金を受けられない場合、賃金を受けない日の第1日目から休業補償給付が支給される。
2. 労働者が業務上の負傷または疾病により、労災指定病院で療養補償給付として受ける療養の給付については、労働者の一部負担金はない。
3. 労働者の業務上の負傷または疾病が治癒し、身体等に一定の障害が残った場合に、その障害の程度が労働者災害補償保険法で規定する障害等級に該当するときは、障害補償給付が支給される。
4. 労働者が業務上の災害により死亡したときに支払われる遺族補償年金の年金額は、受給権者本人および受給権者と生計を同じくしている受給資格者の人数により異なる。

（学科 2016.1 問3）

【解説】
正解　1

1. 不適切　労働者が業務上の負傷または疾病による療養のため休業し、賃金を受けない日が3日以上に及ぶ場合、賃金を受けない日の第4日目から休業補償給付が支給される。　⇨⑤
2. 適切　労働者が業務上の負傷または疾病により、労災指定病院で療養補償給付として受ける療養の給付については、労働者の一部負担金はない。　⇨④
3. 適切　労働者の業務上の負傷または疾病が治癒したとき、身体に一定の障害が残り、所定の要件を満たす場合、障害補償給付が支給される。　⇨⑧
4. 適切　遺族補償年金の支給額は、遺族補償年金の受給権者および受給権者と生計を同じくする受給資格者の数によって定められている。　⇨⑨

・28・

目標5分 過去問・予想問にチャレンジ

【問題】

竜太郎さんは、労働者災害補償保険（以下「労災保険」という）について、FPの山田さんに質問をした。山田さんが労災保険の概要について説明する際に使用した下表の空欄（ア）～（エ）に関する次の記述のうち、誤っているものはどれか。

保険給付の対象となる事故	保険給付（抜粋）	適用を受ける労働者	窓口
（ ア ）災害による負傷、疾病、障害等	療養（補償）給付：傷病により療養を必要とする場合、労災指定病院等で（ イ ）治療や薬剤の支給を受けられる。	労災保険の適用事業に使用される労働者※（ ウ ）	保険給付に関する事務：（ エ ）

1. 空欄（ア）にあてはまる語句は、「業務上または通勤途上の」である。
2. 空欄（イ）にあてはまる語句は、「原則として無料で」である。
3. 空欄（ウ）にあてはまる語句は、「アルバイト・パートタイマー等を除く」である。
4. 空欄（エ）にあてはまる語句は、「労働基準監督署」である。

（実技 2016.1 問31）

【解説】

正解 3

1. 適切　労働者が業務上の負傷や疾病により、労災指定病院で療養補償給付として受ける療養の給付については、労働者の一部負担金はない。　⇨④
2. 適切　1と同じ。　⇨④
3. 不適切　労災保険の適用対象者は雇用形態を問わない。　⇨①
4. 適切　労災保険の保険給付に関する手続きは労働基準監督署で行われる。　⇨⑩

8 年金制度の概要と国民年金

目標5分 覚えるのはたったコレだけ!!

1 年金制度の基礎知識

①国民年金は、20歳以上60歳未満の日本国内に住所を有する者全員に、加入が義務付けられている。

②第1号被保険者は、第2号被保険者と第3号被保険者以外の20歳以上60歳未満の日本国内に住所を有する者である。

③第2号被保険者は、会社員や公務員等の厚生年金保険等の加入者である。

④第3号被保険者は、第2号被保険者に扶養されている配偶者で20歳以上60歳未満かつ年収が130万円未満の者である。

⑤日本国内に住所を有しない者は、任意加入することができる。

2 国民基礎年金

⑥第1号被保険者が納付すべき保険料は定額で、被保険者本人に納付義務がある。本人に収入がない場合、その者が属する世帯の世帯主が被保険者本人と連帯して納付する義務を負う。

⑦保険料を滞納した場合、原則として納付期限から2年以内であれば後納できる。

⑧老齢基礎年金の受給資格期間は25年である。

3 国民年金の保険料免除制度

⑨保険料免除期間に係る保険料のうち、追納することができる保険料は、厚生労働大臣の承認を受けた日の属する月前10年以内の期間のものとされている。

⑩申請免除には全額免除、4分の3免除、半額免除、4分1免除の4段階がある。

⑪申請免除が適用されるか否かは、被保険者本人と配偶者および世帯主の所得金額により判断される。学生納付特例制度が適用されるか否かは、被保険者本人の前年の所得により判断される。若年者納付猶予制度が適用されるか否かは、本人と配偶者の前年の所得により判断される。

目標2分 ○か×か？ 暗記確認ドリル

1 年金制度の基礎知識

☐☐☐ 国民年金は、20歳以上60歳未満の日本国籍を有する者全員に、加入が義務付けられている。 ☞①答 ×

☐☐☐ 第1号被保険者は、第2号被保険者と第3号被保険者以外の20歳以上60歳未満の日本国内に住所を有する者である。 ☞②答 ○

☐☐☐ 第2号被保険者は、会社員や公務員等の厚生年金保険等の加入者である。 ☞③答 ○

☐☐☐ 第3号被保険者は、第2号被保険者に扶養されている配偶者で20歳以上60歳未満かつ年収が130万円未満の者である。 ☞④答 ○

☐☐☐ 日本国内に住所を有しない者は、国民年金に加入することができない。 ☞⑤答 ×

2 国民基礎年金

☐☐☐ 第1号被保険者が納付すべき保険料は定額で、原則として被保険者の属する世帯の世帯主が納付する義務を負う。 ☞⑥答 ×

☐☐☐ 保険料を滞納した場合、原則として納付期限から2年以内であれば後納できる。 ☞⑦答 ○

☐☐☐ 老齢基礎年金の受給資格期間は20年である。 ☞⑧答 ×

3 国民年金の保険料免除制度

☐☐☐ 保険料免除期間に係る保険料のうち、追納することができる保険料は、厚生労働大臣の承認を受けた日の属する月前5年以内の期間のものとされている。 ☞⑨答 ×

☐☐☐ 申請免除には全額免除、半額免除の2段階がある。 ☞⑩答 ×

☐☐☐ 申請免除が適用されるか否かは、被保険者本人と配偶者および世帯主の所得金額により判断される。学生納付特例制度が適用されるか否かは、被保険者本人の前年の所得により判断される。若年者納付猶予制度が適用されるか否かは、本人と配偶者の前年の所得により判断される。 ☞⑪答 ○

目標5分 過去問・予想問にチャレンジ

【問　題】
国民年金の被保険者に関する次の記述のうち、最も適切なものはどれか。
1．日本国籍を有し、日本国内に住所を有しないAさん（45歳）は、国民年金の第2号被保険者または第3号被保険者に該当しない限り、国民年金の第1号被保険者として国民年金の保険料を納付しなければならない。
2．国民年金の第2号被保険者であった夫が死亡したために遺族基礎年金の受給権者となったBさん（55歳）は、当該遺族基礎年金の受給権が消滅するまでの間、国民年金の第1号被保険者に該当することはない。
3．国民年金の第1号被保険者である夫に扶養されているCさん（35歳）は、国民年金の第3号被保険者に該当する。
4．国民年金の第2号被保険者である父に扶養されている大学生のDさん（20歳）は、Dさん本人の所得金額が一定額以下であれば、父の所得金額の多寡にかかわらず、学生納付特例制度の対象者となることができる。

（学科 2016.1 問4）

【解　説】
正解　4
1．不適切　第1号被保険者は、第2号被保険者と第3号被保険者以外の20歳以上60歳未満の日本国内に住所を有する者である。　⇨②
2．不適切　第2号被保険者であった夫が死亡した場合、遺族基礎年金の受給にかかわらず60歳になるまでの間、第1号被保険者となる。　⇨②
3．不適切　第3号被保険者は、第2号被保険者に扶養されている配偶者で20歳以上60歳未満かつ年収が130万円未満の者である。Cさんは第1号被保険者に該当する。　⇨②④
4．適　切　学生納付特例制度が適用されるか否かは、被保険者本人の前年の所得により判断される。　⇨⑪

目標5分 過去問・予想問にチャレンジ

【問　題】

正明さんは、長女の亜美さんが平成27年11月から国民年金に加入することとなるため、国民年金保険料の納付についてFPの鶴見さんに質問した。国民年金（第1号被保険者）の保険料に関する下表の空欄（ア）～（ウ）にあてはまる語句の組み合わせとして、最も適切なものはどれか。

保険料の額	（ア）
納付期限 （毎月の保険料）	原則、納付対象月の（イ）
納付方法 （前納制度を含む）	・納付書、口座振替またはクレジットカード等で納付 ・前納制度により割引あり
納付の時効 （免除期間を除く）	原則、納付期限の翌日より（ウ）

1. （ア）所得に応じた額　　　（イ）翌月末日　　（ウ）4年
2. （ア）所得にかかわらず定額　（イ）翌月末日　　（ウ）2年
3. （ア）所得にかかわらず定額　（イ）末日　　　　（ウ）4年
4. （ア）所得に応じた額　　　（イ）末日　　　　（ウ）2年

（実技 2015.9 問40）

【解　説】

正解　2

（ア）第1号被保険者が納付すべき保険料は、所得にかかわらず定額である。
⇨⑥

（イ）保険料を毎月支払う場合の納付期限は、原則として納付対象月の翌月末日である。前納する場合は、最大で2年分となる。なお、本問は難問なので、解けなくても許容範囲である。

（ウ）保険料を滞納した場合、原則として納付期限から2年以内であれば後納することができる。ただし、平成30年9月30日までは後納期限は5年以内である。
⇨⑦

9 老齢基礎年金と繰上・繰下支給

目標5分 覚えるのはたったコレだけ!!

1 各年金の受給資格期間

①老齢基礎年金の受給資格期間である **25年** には、保険料の **未納期間** は含まれない。

②老齢厚生年金では、厚生年金保険の被保険者期間が **1か月** 以上あることが受給要件の一つである。

③特別支給の老齢厚生年金では、厚生年金保険の被保険者期間が **1年** 以上あることが受給要件の一つとされている。

④加給年金では、厚生年金保険の被保険者期間が **20年** 以上あることが受給要件の一つである。

2 繰上支給と繰下支給

⑤繰上支給では、**0.5%** に繰り上げた月数を乗じた率が減額され、繰下支給では、**0.7%** に繰り下げた月数を乗じた率が増額される。

⑥繰上支給を請求して受給権が発生した後は、その裁定の取消しや変更をすることは **できない**。

⑦付加年金の受給権者が老齢基礎年金の繰上支給または繰下支給を請求すると、付加年金も **同時に** 繰上支給または繰下支給される。

⑧老齢厚生年金の繰上支給を請求すると、その請求と同時に老齢基礎年金の繰上支給の請求も **しなければならない**。

⑨老齢厚生年金の繰下支給の申出と同時に、老齢基礎年金の繰下支給をする **必要はない**。

目標2分 ○か×か？ 暗記確認ドリル

1 各年金の受給資格期間

☐☐☐ 老齢基礎年金の受給資格期間である 25 年には、保険料の未納期間は含まれない。 ☞①答○

☐☐☐ 老齢厚生年金では、厚生年金保険の被保険者期間が 1 年以上あることが受給要件の一つである。 ☞②答×

☐☐☐ 特別支給の老齢厚生年金では、厚生年金保険の被保険者期間が 10 年以上あることが受給要件の一つとされている。 ☞③答×

☐☐☐ 加給年金では、厚生年金保険の被保険者期間が 10 年以上あることが受給要件の一つである。 ☞④答×

2 繰上支給と繰下支給

☐☐☐ 繰上支給では、0.7% に繰り上げた月数を乗じた率が減額され、繰下支給では、0.5% に繰り下げた月数を乗じた率が増額される。 ☞⑤答×

☐☐☐ 繰上支給を請求して受給権が発生した後は、その裁定の取消しや変更をすることはできない。 ☞⑥答○

☐☐☐ 付加年金の受給権者が老齢基礎年金の繰上支給または繰下支給を請求すると、付加年金も同時に繰上支給または繰下支給される。 ☞⑦答○

☐☐☐ 老齢厚生年金の繰上支給を請求しても、その請求と同時に老齢基礎年金の繰上支給をする必要はない。 ☞⑧答×

☐☐☐ 老齢厚生年金の繰下支給の申出と同時に、老齢基礎年金の繰下支給の請求もしなければならない。 ☞⑨答×

目標5分 過去問・予想問にチャレンジ

【問題】
厚生年金保険の老齢給付に関する次の記述の空欄（ア）～（ウ）にあてはまる語句の組み合わせとして、最も適切なものはどれか。

- 特別支給の老齢厚生年金が支給されるためには、厚生年金保険の被保険者期間が（ア）以上あることなどの要件を満たす必要がある。
- 加給年金額の加算を受けるためには、老齢厚生年金の受給権者本人の厚生年金保険の被保険者期間が原則として（イ）以上あることなどの要件を満たす必要がある。
- 老齢厚生年金の繰下げ支給の増額率は、65歳以降繰り下げた月数（最大60ヵ月）に（ウ）を乗じて得た率となる。

1．（ア）1ヵ月　（イ）10年　（ウ）0.7%
2．（ア）1ヵ月　（イ）20年　（ウ）0.5%
3．（ア）1年　　（イ）20年　（ウ）0.7%
4．（ア）1年　　（イ）10年　（ウ）0.5%

（学科 2016.1 問5）

【解説】
正解　3

（ア）特別支給の老齢厚生年金では、厚生年金保険の被保険者期間が1年以上あることが受給要件の一つとされている。　　⇨③
（イ）加給年金では、厚生年金保険の被保険者期間が20年以上あることが受給要件の一つである。　　⇨④
（ウ）繰上支給では、0.5%に繰り上げた月数を乗じた率が減額され、繰下支給では、0.7%に繰り下げた月数を乗じた率が増額される。　　⇨⑤

目標5分 過去問・予想問にチャレンジ

【問 題】
辻雅代さん（昭和30年4月11日生まれ）の公的年金加入歴等が下記＜資料＞のとおりである場合、雅代さんの老齢基礎年金の受給資格期間に算入される期間（合計月数）として、正しいものはどれか。

＜資料＞

［辻雅代さんの公的年金加入歴等］

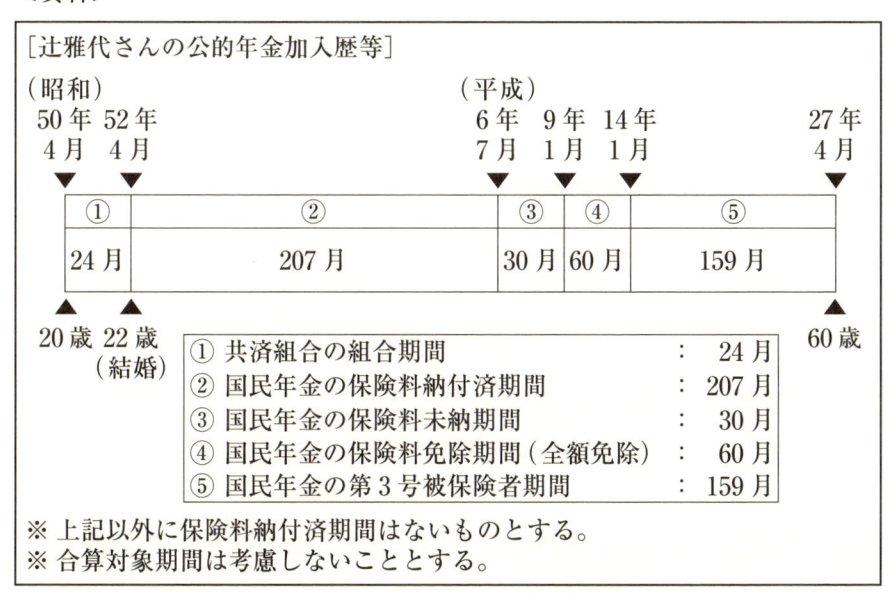

（昭和）50年4月　52年4月　　　　　（平成）6年7月　9年1月　14年1月　　　27年4月

①	②	③	④	⑤
24月	207月	30月	60月	159月

20歳　22歳（結婚）　　　　　　　　　　　　　　　　　　　　　　　60歳

① 共済組合の組合期間 ： 24月
② 国民年金の保険料納付済期間 ： 207月
③ 国民年金の保険料未納期間 ： 30月
④ 国民年金の保険料免除期間（全額免除） ： 60月
⑤ 国民年金の第3号被保険者期間 ： 159月

※ 上記以外に保険料納付済期間はないものとする。
※ 合算対象期間は考慮しないこととする。

1．450月
2．426月
3．366月
4．207月

（実技2015.9問34改題）

【解 説】
正解　1

③の保険料未納期間は受給資格期間に含まれないため、雅代さんの受給資格期間は①・②・④・⑤を合計した450月である。　　　⇨①

10 老齢厚生年金

目標5分 覚えるのはたったコレだけ!!

1 老齢厚生年金の基礎知識

①厚生年金の適用事業所に常時使用される **70歳** 未満の者は、原則として標準報酬月額に保険料率を乗じた保険料を **労使折半** で負担する。

②育児休業をしている被保険者に係る厚生年金保険料は、事業主の申出により、**被保険者本人**・**事業主負担分ともに** 免除される。

2 特別支給の老齢厚生年金

③特別支給の老齢厚生年金は、支給開始年齢が段階的に引き上げられ、昭和 **36年** 4月2日以降に誕生日を迎える男性は受給することができない。

④特別支給の老齢厚生年金の支給開始年齢は、女性は男性よりも **5歳** 遅れる。

3 加給年金と振替加算

⑤加給年金は、厚生年金の被保険者期間が **20年** 以上ある等の要件を満たした場合、特別支給の老齢厚生年金の **定額部分** に加算される。

⑥加給年金は、一定の要件を満たし、特別支給の老齢厚生年金の定額部分の受給権がない場合、**65歳** から加算される。

⑦加給年金に配偶者特別加算額が加算される場合の額は、**受給権者** の生年月日によって異なる。

⑧配偶者の加給年金は、**配偶者** が **65歳** に達すると支給停止となり、代わりに配偶者の年金に **振替加算** が支給される。

⑨振替加算額は、**配偶者** の生年月日に応じた額である。

・38・

目標2分 ○か×か？ 暗記確認ドリル

1 老齢厚生年金の基礎知識

☐☐☐ 厚生年金の適用事業所に常時使用される70歳未満の者は、原則として標準報酬月額に保険料率を乗じた保険料を労使折半で負担する。
☞①答 ○

☐☐☐ 育児休業をしている被保険者に係る厚生年金保険料は、事業主の申出により、被保険者負担分の納付が免除されるが、事業主負担分については免除されない。
☞②答 ×

2 特別支給の老齢厚生年金

☐☐☐ 特別支給の老齢厚生年金は、支給開始年齢が段階的に引き上げられ、昭和23年4月2日以降に誕生日を迎える男性は受給することができない。
☞③答 ×

☐☐☐ 特別支給の老齢厚生年金の支給開始年齢は、女性は男性よりも5歳遅れる。
☞④答 ○

3 加給年金と振替加算

☐☐☐ 加給年金は、厚生年金の被保険者期間が20年以上ある等の要件を満たした場合、特別支給の老齢厚生年金の定額部分に加算される。 ☞⑤答 ○

☐☐☐ 加給年金は、一定の要件を満たし、特別支給の老齢厚生年金の定額部分の受給権がない場合、65歳から加算される。 ☞⑥答 ○

☐☐☐ 加給年金に配偶者特別加算額が加算される場合の額は、配偶者の生年月日によって異なる。 ☞⑦答 ×

☐☐☐ 配偶者の加給年金は、配偶者が65歳に達すると支給停止となり、代わりに配偶者の年金に振替加算が支給される。 ☞⑧答 ○

☐☐☐ 振替加算額は、配偶者の生年月日に応じた額である。 ☞⑨答 ○

目標5分 過去問・予想問にチャレンジ

【問題】

敏郎さんは老齢厚生年金に加算される配偶者加給年金額について、FPの谷口さんに質問した。配偶者加給年金額の加算要件などに関する谷口さんの次の説明の空欄（ア）～（ウ）に入る適切な語句を語群の中から選び、その番号のみを解答欄に記入しなさい。

「老齢厚生年金の配偶者加給年金額は、年金額の計算の基礎となる被保険者期間が原則として（ア）ある場合、受給権取得当時などに受給権者によって生計を維持していた（イ）未満の配偶者があるときに加算されます。ただし、加給対象の配偶者が一定の年金を受けられる間は支給停止されます。なお、生計を維持していた配偶者とは、受給権者と同一生計であって、かつ、年間収入が将来にわたって850万円未満であると認められる人です。また、受給権者が昭和9年4月2日以後生まれであるときは、配偶者加給年金額に（ウ）の生年月日に応じた特別加算があります。」

＜語群＞
1. 15年以上　　2. 20年以上　　3. 25年以上　　4. 55歳
5. 60歳　　6. 65歳　　7. 配偶者　　8. 受給権者

（実技2014.9 問32）

【解説】

正解　（ア）2　（イ）6　（ウ）8

（ア）被保険者期間が20年以上あることは、加給年金の支給要件の1つである。
　　⇨⑤

（イ）加給年金は65歳未満の配偶者がある場合に加算され、配偶者が65歳に達すると支給停止となる。
　　⇨⑧

（ウ）加給年金に配偶者特別加算額が加算される場合の額は、受給権者の生年月日によって異なる。
　　⇨⑦

目標5分 過去問・予想問にチャレンジ

【問　題】
健二さんは、負担が増していく社会保険料のことが気になっている。下記＜資料＞に基づき、FPの大久保さんが算出した健二さんの厚生年金保険の年間保険料（本人負担分）として、正しいものはどれか。

＜資料＞

［健二さんの標準報酬月額等］
　　標準報酬月額 500,000 円
　　賞与はない
［社会保険の保険料率］
　　厚生年金保険料率 18.182％

1．45,455 円
2．90,910 円
3．545,460 円
4．1,090,920 円

（実技 2014.1 問 32 改題）

【解　説】
正解　3

標準報酬月額 500,000 円に厚生年金保険料率 18.182％ を乗じた 90,910 円が月額の保険料となる。厚生年金保険料は労使折半であるため、健二さんの月額負担は 90,910 円の 2 分の 1 である 45,455 円となる。年間保険料が問われているので 12 を乗じ、545,460 円となる。　　　　　　　　　　　　⇨①

11 在職老齢年金

> **目標5分** 覚えるのはたったコレだけ!!

1　60歳台前半の在職老齢年金

①厚生年金の適用事業所に常時使用される60歳台前半の者の特別支給の老齢厚生年金は、被保険者の総報酬月額相当額と基本月額との合計額が28万円を超える場合、年金額の**全額または一部**が支給停止になる。

②特別支給の老齢厚生年金の受給権者が、雇用保険の基本手当を受給する場合、基本手当の受給期間中は、特別支給の老齢厚生年金の**全額**が支給停止になる。

③雇用保険の高年齢雇用継続給付の受給権者は、在職老齢年金の**全額または一部**が支給停止になる。

2　60歳台後半の在職老齢年金

④厚生年金の適用事業所に常時使用される60歳台後半の者は、老齢基礎年金が**全額**支給される。

⑤厚生年金保険の適用事業所に常時使用される70歳以上の者に支給される老齢厚生年金は、被保険者の総報酬月額相当額と基本月額との合計額が47万円を超える場合、**超える部分の2分の1相当額**が支給停止になる。

3　70歳以降の在職老齢年金

⑥厚生年金の適用事業所に常時使用される70歳以降の者は、老齢基礎年金が**全額**支給される。

⑦70歳以降の者にも、在職老齢年金の仕組みが導入されている。

目標2分 〇か×か？ 暗記確認ドリル

1 60歳台前半の在職老齢年金

❑❑❑ 厚生年金の適用事業所に常時使用される60歳台前半の者の特別支給の老齢厚生年金は、被保険者の総報酬月額相当額と基本月額との合計額が28万円を超える場合、年金額の全額が支給停止になる。　☞①答 ×

❑❑❑ 特別支給の老齢厚生年金の受給権者が、雇用保険の基本手当を受給する場合、基本手当の受給期間中は、特別支給の老齢厚生年金の一部が支給停止になる。　☞②答 ×

❑❑❑ 雇用保険の高年齢雇用継続給付の受給権者は、在職老齢年金の全額が支給停止になる。　☞③答 ×

2 60歳台後半の在職老齢年金

❑❑❑ 厚生年金の適用事業所に常時使用される60歳台後半の者は、老齢基礎年金の一部が支給停止になる。　☞④答 ×

❑❑❑ 厚生年金保険の適用事業所に常時使用される70歳以上の者に支給される老齢厚生年金は、被保険者の総報酬月額相当額と基本月額との合計額が47万円を超える場合、超える部分の全額が支給停止になる。　☞⑤答 ×

3 70歳以降の在職老齢年金

❑❑❑ 厚生年金の適用事業所に常時使用される70歳以降の者は、老齢基礎年金が全額支給される。　☞⑥答 〇

❑❑❑ 70歳以降の者にも、在職老齢年金の仕組みが導入されている。　☞⑦答 〇

11 在職老齢年金

目標5分 過去問・予想問にチャレンジ

【問題】

隆志さんは60歳で定年を迎えるが、引き続き今の会社の再雇用制度を利用して65歳になるまで働く予定である。その場合は厚生年金保険に加入するので、隆志さんは60歳台前半の老齢厚生年金が受給できるのかどうかFPの米田さんに質問をした。米田さんが下記＜資料＞を基に計算した在職老齢年金の支給額（月額）として、正しいものはどれか。

＜資料＞

［隆志さんに関するデータ］
・60歳以降の給与（標準報酬月額）：22万円
・60歳以降の賞与（標準賞与額）：年2回の支給で合計60万円
・年金月額（基本月額）：12万円
・雇用保険の高年齢雇用継続給付は受けないものとする。

［総報酬月額相当額の計算］
総報酬月額相当額＝標準報酬月額＋（直近1年間の標準賞与額の合計÷12）

［60歳台前半の在職老齢年金の支給停止額の計算］
・「総報酬月額相当額＋基本月額」が28万円以下の場合
　支給停止されない（全額支給）。
・「総報酬月額相当額＋基本月額」が28万円を超える場合
　下記の区分に応じて算出した額が支給停止される。

基本月額	総報酬月額相当額	支給停止額
28万円以下	46万円以下	（総報酬月額相当額＋基本月額－28万円）×1/2
28万円以下	46万円超	（46万円＋基本月額－28万円）×1/2＋（総報酬月額相当額－46万円）
28万円超	46万円以下	総報酬月額相当額×1/2
28万円超	46万円超	46万円×1/2＋（総報酬月額相当額－46万円）

1．90,000円
2．77,500円
3．65,000円
4．30,000円

（実技 2013.9 問39）

目標5分 過去問・予想問にチャレンジ

【解　説】

正解　3

＜資料＞より、60歳台前半の者の特別支給の老齢厚生年金は、被保険者の総報酬月額相当額と基本月額との合計額が28万円を超える場合、年金額の全額または一部が支給停止になることがわかる。　　　　　　　　　　⇨①

・隆志さんの総報酬月額相当額
22万円＋（60万円÷12）＝27万円
・隆志さんの基本月額　12万円

総報酬月額相当額と基本月額の合計が、27万円＋12万円＝39万円なので支給停止額が発生する。

隆志さんの場合、基本月額が28万円以下、総報酬月額相当額が46万円以下なので、以下の金額が支給停止となる。

支給停止額＝（27万円＋12万円－28万円）×1/2＝55,000円

よって基本月額12万円より支給停止額55,000円を差し引き、12万円－55,000円＝65,000円が在職老齢年金となる。

なお、本問は知識で解く問題というより、資料を利用して解く問題である。

12 障害年金

目標5分 覚えるのはたったコレだけ!!

1 障害年金の基礎知識

①障害基礎年金は、障害等級1級と2級が給付対象である。
②障害厚生年金は、障害等級1級、2級、**3級**が給付対象である他、3級より軽い場合には障害手当金が給付される。
③障害年金の保険料納付要件は、初診日のある月の**前々月**までの被保険者期間における保険料納付済期間と保険料免除期間を合算した期間が、**3分の2**以上あることである。
④障害年金の保険料納付要件を満たせない場合は、初診日のある月の**前々月**までの直近の**1年間**に保険料滞納期間が**ない**ことが給付の要件となる。
⑤障害認定日は、原則として障害の原因となった傷病の初診日から起算して**1年6か月**を経過した日、またはその期間内に傷病が治った場合はその治った日とされる。

2 障害年金の支給

⑥障害等級1級または2級に該当する者が、所定の要件を満たす**配偶者**を有する場合、障害厚生年金には**加給年金額**が加算される。
⑦障害等級1級に該当する者に支給される障害基礎年金の額は、障害等級2級に該当する者に支給される障害基礎年金の額の100分の**125**相当額である。
⑧国民年金の被保険者でない20歳未満の期間に初診日のある傷病に係る障害については、原則として、20歳以後の障害の状態によっては**障害基礎年金**が支給される。

目標2分 ○か×か？ 暗記確認ドリル

1 障害年金の基礎知識

☐☐☐ 障害基礎年金は、障害等級1級と2級が給付対象である。　☞①答○

☐☐☐ 障害厚生年金は、障害等級1級、2級、3級が給付対象である他、3級より軽い場合には障害手当金が給付される。　☞②答○

☐☐☐ 障害年金の保険料納付要件は、初診日のある月の前々月までの被保険者期間における保険料納付済期間と保険料免除期間を合算した期間が、3分の2以上あることである。　☞③答○

☐☐☐ 障害年金の保険料納付要件を満たせない場合は、初診日のある月の前々月までの直近の1年間に保険料滞納期間がないことが給付の要件となる。　☞④答○

☐☐☐ 障害認定日は、原則として障害の原因となった傷病の初診日から起算して1年を経過した日、またはその期間内に傷病が治った場合はその治った日とされる。　☞⑤答×

2 障害年金の支給

☐☐☐ 障害等級1級または2級に該当する者が、所定の要件を満たす配偶者を有する場合、障害厚生年金には加給年金額が加算される。　☞⑥答○

☐☐☐ 障害等級1級に該当する者に支給される障害基礎年金の額は、障害等級2級に該当する者に支給される障害基礎年金の額の100分の150相当額である。　☞⑦答×

☐☐☐ 国民年金の被保険者でない20歳未満の期間に初診日のある傷病に係る障害については、原則として、20歳以後の障害の状態にかかわらず、障害基礎年金は支給されない。　☞⑧答×

目標5分 過去問・予想問にチャレンジ

12 障害年金

【問　題】
障害基礎年金および障害厚生年金に関する次の記述のうち、最も適切なものはどれか。
1. 障害基礎年金および障害厚生年金における障害認定日とは、障害の原因となった傷病の初診日から起算して1年を経過した日とされる。
2. 国民年金の被保険者でない20歳未満の期間に初診日のある傷病に係る障害については、20歳以後の障害の状態にかかわらず、障害基礎年金は支給されない。
3. 障害等級1級に該当する者に支給される障害基礎年金の額は、障害等級2級に該当する者に支給される障害基礎年金の額の100分の150相当額である。
4. 障害等級1級または2級に該当する者が所定の要件を満たす配偶者を有する場合、その者に支給される障害厚生年金には、加給年金額が加算される。

（学科 2014.9 問6）

【解　説】
正解　4
1. 不適切　障害認定日は、原則として障害の原因となった傷病の初診日から起算して1年6か月を経過した日、またはその期間内に傷病が治った場合はその治った日とされる。　⇨⑤
2. 不適切　国民年金の被保険者となる前の20歳未満の期間に初診日のある障害については、障害の状態に応じて20歳以降に障害基礎年金が支給される。　⇨⑧
3. 不適切　障害等級1級に該当する者に支給される障害基礎年金の額は、障害等級2級に該当する者に支給される障害基礎年金の額の100分の125相当額である。　⇨⑦
4. 適切　障害等級1級または2級に該当する者が、所定の要件を満たす配偶者を有する場合、障害厚生年金には加給年金額が加算される。　⇨⑥

目標5分 過去問・予想問にチャレンジ

【問題】

初診日の前々月までの年金加入歴が以下のとおりの35歳の者で、障害認定日に障害等級2級に該当する場合、それぞれの事例のうち、障害基礎年金を受給できない者はどれか。

1．20歳から5年間厚生年金に加入した後、国民年金に10年加入し10年間国民年金保険料を納付していた者。
2．20歳から10年間国民年金を滞納しており、30歳からの5年間厚生年金に加入していた者。
3．20歳から厚生年金に9年間加入した後、国民年金に加入し6年間国民年金保険料を滞納していた者。
4．20歳から13年間国民年金保険料を滞納しており、その後2年間は国民年金保険料を納付していた者。

（予想問題）

【解説】

正解　3

障害年金の保険料納付要件は、初診日のある月の前々月までの被保険者期間における保険料納付済期間と保険料免除期間を合算した期間が、3分の2以上あることである。設問の場合、20歳から35歳までの15年のうちの10年が保険料納付要件となる。10年を満たさない場合には、初診日のある月の前々月までの直近の1年間に保険料滞納期間がないことが給付の要件となる。選択肢3は、保険料納付期間である10年を満たせておらず、また直近6年間保険料を滞納しているので受給することができない。　⇨③④

13 遺族年金

目標5分 覚えるのはたったコレだけ!!

1 遺族基礎年金

①遺族基礎年金を受給することができる遺族は、原則として**18歳**到達年度末日までの子のある**配偶者**または**18歳**到達年度末日までの**子**に限られる。

②遺族基礎年金の年金額は、老齢基礎年金と同額に子の人数に応じた加算額が加算される。

③遺族基礎年金が支給されない場合、受給資格要件を満たせば、寡婦年金または死亡一時金の**いずれか**が支給される。

④寡婦年金は、受給要件を満たした妻に、妻が**60歳**に達した日の属する月の翌月から**65歳**に達する日の属する月までの間、支給される。

⑤寡婦年金の受給権者が、老齢基礎年金の繰上支給の請求をした場合、寡婦年金の受給権は**消滅**する。

2 遺族厚生年金

⑥遺族厚生年金の年金額は、死亡した者の厚生年金保険の被保険者期間を基礎として計算した老齢厚生年金の報酬比例部分の額の**4分の3**相当額である。

⑦遺族厚生年金の額の計算の基礎となる被保険者期間の月数が300に満たない場合は、一定の要件の下に**300**として計算する。

⑧厚生年金保険の被保険者が死亡し、その者によって生計を維持されていた**30歳**未満の妻が遺族厚生年金の受給権のみを取得した場合、その妻に対する遺族厚生年金の支給期間は、最長で**5年間**となる。

目標2分 〇か×か？ 暗記確認ドリル

1 遺族基礎年金

❏❏❏ 遺族基礎年金を受給することができる遺族は、原則として18歳到達年度末日までの子のある<u>妻</u>または18歳到達年度末日までの子に限られる。
☞①答 ×

❏❏❏ 遺族基礎年金の年金額は、老齢基礎年金と同額に子の人数に応じた加算額が加算される。
☞②答 〇

❏❏❏ 遺族基礎年金が支給されない場合、受給資格要件を満たせば、<u>寡婦年金と死亡一時金</u>が支給される。
☞③答 ×

❏❏❏ 寡婦年金は、受給要件を満たした妻に、妻が<u>40歳</u>に達した日の属する月の翌月から65歳に達する日の属する月までの間、支給される。
☞④答 ×

❏❏❏ 寡婦年金の受給権者が、老齢基礎年金の繰上支給の請求をした場合、寡婦年金と併せて支給される。
☞⑤答 ×

2 遺族厚生年金

❏❏❏ 遺族厚生年金の年金額は、死亡した者の厚生年金保険の被保険者期間を基礎として計算した老齢厚生年金の報酬比例部分の額の<u>3分の2</u>相当額である。
☞⑥答 ×

❏❏❏ 遺族厚生年金の額の計算の基礎となる被保険者期間の月数が300に満たない場合は、一定の要件の下に300として計算する。
☞⑦答 〇

❏❏❏ 厚生年金保険の被保険者が死亡し、その者によって生計を維持されていた30歳未満の妻が遺族厚生年金の受給権のみを取得した場合、その妻に対する遺族厚生年金の支給期間は、最長で<u>10年間</u>となる。
☞⑧答 ×

目標5分 過去問・予想問にチャレンジ

13 遺族年金

【問題】

夏子さんは、仮に竜太郎さんが現時点（平成28年1月1日時点・45歳）で死亡した場合の公的年金の遺族給付について、FPの山田さんに質問をした。竜太郎さんの死亡時点において夏子さんに支給される遺族年金に関する次の記述の空欄（ア）～（ウ）にあてはまる語句の組み合わせとして、最も適切なものはどれか。なお、竜太郎さんは大学卒業後の23歳から死亡時まで継続して厚生年金保険に加入しているものとし、このほかに公的年金加入期間はないものとする。また、家族に障害者に該当する者はなく、記載以外の遺族給付の受給要件はすべて満たしているものとする。

[家族構成]

氏名	続柄	生年月日	年齢	職業等
有馬　竜太郎	本人	昭和45年　6月16日	45歳	会社員（正社員）
夏子	妻	昭和44年　8月18日	46歳	会社員（正社員）
薫	長女	平成 9年　4月 7日	18歳	高校3年生
翼	長男	平成11年11月 1日	16歳	高校1年生

竜太郎さんが現時点で死亡した場合、夏子さんには遺族基礎年金と遺族厚生年金が支給される。このとき夏子さんに支給される遺族基礎年金は、基本額（満額の老齢基礎年金（ア））に（イ）を対象とする子の加算額を加算した額である。また、竜太郎さんが在職中に死亡したことにより支給される遺族厚生年金の額は、短期要件の計算式に基づく額となり、その額の計算の基礎となる被保険者期間の月数が（ウ）未満の場合は（ウ）とみなして報酬比例部分の年金額が計算される。

1. （ア）と同額　　　　　　（イ）翼さんのみ　　　　（ウ）360月（30年）
2. （ア）と同額　　　　　　（イ）薫さんと翼さん　　（ウ）300月（25年）
3. （ア）の4分の3相当額　（イ）薫さんと翼さん　　（ウ）360月（30年）
4. （ア）の4分の3相当額　（イ）翼さんのみ　　　　（ウ）300月（25年）

（実技 2016.1 問33）

目標5分 過去問・予想問にチャレンジ

【解　説】

正解　2

遺族基礎年金の年金額は、老齢基礎年金と同額に子の人数に応じた加算額が加算される。薫さん、翼さんともに18歳到達年度末日までにあるため、2人分の加算額が加算される。また、遺族厚生年金の額の計算の基礎となる被保険者期間の月数が300に満たない場合は、一定の要件の下に300として計算する。

なお、平成28年3月31日を過ぎると、薫さんは「18歳到達年度末日までの子」ではなくなるため、薫さんの加算額分は減額される。

平成30年3月31日を過ぎると、翼さんは「18歳到達年度末日の子」ではなくなるため、翼さんの加算額分は減額され、夏子さんは「子のある配偶者」とみなされず、遺族基礎年金が支給停止となる。　　　　　　　　　　　⇨①②⑦

14 その他の年金(1)

> **目標5分** 覚えるのはたったコレだけ!!

1 国民年金基金

①国民年金基金の加入対象者は、加入を希望する国民年金の第1号被保険者で、原則として任意に脱退することはできない。

②国民年金の第1号被保険者であっても、国民年金の保険料の納付が免除されている者は、国民年金基金に加入することができない。

③国民年金基金への加入は口数制となっており、1口目は必ず**終身年金**を選択しなければならない。

④国民年金基金の掛金は、原則、確定拠出年金の掛金と併せ月額**6万8,000円**が上限である。

⑤国民年金基金の掛金は、その全額が所得税・住民税における**社会保険料控除**の対象となる。

2 確定拠出年金

⑥企業型年金加入者が退職して国民年金の第3号被保険者になった場合、その者は企業型年金の個人別管理資産を国民年金基金連合会に移換して、運用指図者となることができる。

⑦確定拠出年金の老齢給付金を60歳から受給するためには、通算加入者等期間が**10年**以上あることが必要である。

⑧確定拠出年金の企業型年金のいわゆる**マッチング拠出**において、従業員自らが拠出することができる掛金の額は、当該従業員に係る事業主掛金と**同額以下**、かつ、事業主掛金と合算で拠出限度額までである。

⑨確定拠出年金の掛金は、その全額が所得税・住民税における**小規模企業共済等掛金控除**の対象となる。

⑩一時金として受け取った老齢給付金は、**退職所得**として所得税の課税対象となる。

目標2分 ○か×か？ 暗記確認ドリル

1 国民年金基金

- ❏❏❏ 国民年金基金は、自由に脱退することができる。　☞①答 ×
- ❏❏❏ 国民年金の第1号被保険者は、誰でも国民年金基金に加入することができる。　☞②答 ×
- ❏❏❏ 国民年金基金への加入は口数制となっており、1口目は必ず確定年金を選択しなければならない。　☞③答 ×
- ❏❏❏ 国民年金基金の掛金は、原則として確定拠出年金の掛金と併せて月額6万8,000円が上限である。　☞④答 ○
- ❏❏❏ 国民年金基金の掛金は、その全額が所得税・住民税における小規模企業共済等掛金控除の対象となる。　☞⑤答 ×

2 確定拠出年金

- ❏❏❏ 企業型年金加入者が退職して国民年金の第3号被保険者になった場合、その者は企業型年金の個人別管理資産を国民年金基金連合会に移換して、運用指図者となることができる。　☞⑥答 ○
- ❏❏❏ 確定拠出年金の老齢給付金を60歳から受給するためには、通算加入者等期間が8年以上あることが必要である。　☞⑦答 ×
- ❏❏❏ 確定拠出年金の企業型年金のいわゆるマッチング拠出において、従業員自らが拠出することができる掛金の額は、当該従業員に係る事業主掛金と同額以下、かつ、事業主掛金と合算で拠出限度額までである。　☞⑧答 ○
- ❏❏❏ 確定拠出年金の掛金は、その全額が所得税・住民税における社会保険料控除の対象となる。　☞⑨答 ×
- ❏❏❏ 一時金として受け取った老齢給付金は、退職所得として所得税の課税対象となる。　☞⑩答 ○

目標5分 過去問・予想問にチャレンジ

【問　題】

国民年金基金に関する次の記述のうち、最も不適切なものはどれか。

1. 国民年金基金に加入することができる者は、国民年金の第1号被保険者と第3号被保険者である。
2. 国民年金基金の加入は口数制で、年齢が50歳0月以下の場合、1口目は2種類の終身年金の中から選択し、2口目以降は、2種類の終身年金に5種類の確定年金を加えた計7種類の中から選択することができる。
3. 国民年金基金の掛金は、加入者が確定拠出年金の個人型年金に加入していた場合、その掛金と合算して月額6万8,000円が上限である。
4. 国民年金基金の加入者が国民年金の保険料を納付しなかった場合、その未納期間に係る国民年金基金の加入期間は、国民年金基金の年金給付の対象とされない。

（学科 2016.1 問8）

【解　説】

正解　1

1. 不適切　国民年金基金の加入対象者は、国民年金の第1号被保険者である。　⇨①
2. 適切　国民年金基金は、1口目は終身年金を選択しなければならず、2口目以降は自由に選択することができる。　⇨③
3. 適切　国民年金基金の掛金は、原則として確定拠出年金の掛金と併せて月額6万8,000円が上限である。　⇨④
4. 適切　法定免除や申請免除、猶予制度により保険料を免除されている場合を含めて国民年金の保険料を納付していない場合は、国民年金基金の加入員になることができない。また、付加年金の加入者も国民年金基金に加入することができない。　⇨②

目標5分 過去問・予想問にチャレンジ

【問　題】
確定拠出年金の掛金や老齢給付金等に係る所得税の取扱いに関する次の記述のうち、最も適切なものはどれか。
1. 企業型年金において加入者が拠出した掛金は、生命保険料控除として所得控除の対象となる。
2. 企業型年金において事業主が拠出した掛金は、加入者の給与所得として所得税の課税対象となる。
3. 個人別管理資産の運用時に発生する利息、収益分配金、売却益の運用収益は、発生した年に所得税が源泉徴収される。
4. 一時金として受け取った老齢給付金は、退職所得として所得税の課税対象となる。

（学科 2014.5 問 7）

【解　説】　　　　　　　　　　　　　　　　　　　　　　▶一発必中法
正解　4
1. 不適切　確定拠出年金の掛金は、その全額が所得税・住民税における小規模企業共済等掛金控除の対象となる。なお、確定給付年金の加入者拠出掛金は生命保険料控除の対象となる。　⇨⑨
2. 不適切　事業主が拠出した掛金は、事業主の所得の計算上、全額損金算入となる。
3. 不適切　個人別管理資産の運用時に発生する利息、収益分配金、売却益の運用収益に対しては、所得税は課税されない。受取時に課税される。
4. 適　切　一時金として受け取った老齢給付金は、退職所得として所得税の課税対象となる。また、年金として受け取った場合は、公的年金等控除が適用される雑所得として所得税の課税対象となる。　⇨⑩

15 その他の年金(2)

目標5分 覚えるのはたったコレだけ!!

1 中小企業退職金共済(中退共)

①中小企業退職金共済(中退共)に加入することができる法人企業は、常時雇用する従業員の数または資本金・出資金の額のいずれかが業種に応じて定められた基準に該当する企業である。

②中小企業退職金共済(中退共)では、従業員**全員**を被共済者として、事業主が、勤労者退職金共済機構と退職金共済契約を締結し、事業主のみが掛金を拠出する。

③事業主の配偶者や事業主と生計を一にする同居の親族は、事業主に使用される者であれば中小企業退職金共済(中退共)に加入することができる。

④新たに中小企業退職金共済(中退共)に加入する事業主は、原則として、掛金月額の**2分の1相当額**(上限1人**5,000円**)を加入後**4か月目**から**1年間**、国による助成を受けることができる。

⑤中小企業退職金共済(中退共)からの退職金の受取方法は**一時金**払、**全額分割**払、**一部分割**払から選択することができる。

⑥中小企業退職金共済(中退共)の被共済者が退職後に中小企業者に雇用されて再び被共済者となった場合は、所定の要件の下、前後の退職金共済契約に係る掛金納付月数を通算することができる。

2 小規模企業共済

⑦小規模企業共済に加入することができるのは、常時使用する従業員が20人以下(商業・サービス業は5人以下)の**個人事業主**と**会社の役員**等である。

⑧小規模企業共済に加入できる個人事業主に所定の要件を満たす共同経営者がいる場合、個人事業主1人につき**2人**まで小規模企業共済に加入することができる。

目標2分 ○か×か？ 暗記確認ドリル

1 中小企業退職金共済（中退共）

☐☐☐ 中小企業退職金共済（中退共）に加入することができる法人企業は、常時雇用する従業員の数または資本金・出資金の額のいずれかが業種に応じて定められた基準に該当する企業である。　☞①答○

☐☐☐ 中小企業退職金共済（中退共）では、希望する従業員を被共済者として、事業主が、勤労者退職金共済機構と退職金共済契約を締結する。
☞②答×

☐☐☐ 事業主の配偶者や事業主と生計を一にする同居の親族は、事業主に使用される者であっても中小企業退職金共済（中退共）に加入することはできない。　☞③答×

☐☐☐ 新たに中小企業退職金共済（中退共）に加入する事業主は、原則として、掛金月額の2分の1相当額（上限1人5,000円）を加入後1か月目から1年間、国による助成を受けることができる。　☞④答×

☐☐☐ 中小企業退職金共済（中退共）からの退職金の受取方法は一時金払、全額分割払、一部分割払から選択することができる。　☞⑤答○

☐☐☐ 中小企業退職金共済（中退共）の被共済者が退職後に中小企業者に雇用されて再び被共済者となった場合は、所定の要件の下、前後の退職金共済契約に係る掛金納付月数を通算することができる。　☞⑥答○

2 小規模企業共済

☐☐☐ 小規模企業共済に加入することができるのは、常時使用する従業員が20人以下（商業・サービス業は5人以下）の会社の役員と従業員等である。　☞⑦答×

☐☐☐ 小規模企業共済に加入できる個人事業主に所定の要件を満たす共同経営者がいる場合、個人事業主1人につき2人まで小規模企業共済に加入することができる。　☞⑧答○

目標5分 過去問・予想問にチャレンジ

【問　題】

中小企業退職金共済（以下「中退共」という）に関する次の記述のうち、最も適切なものはどれか。

1. 中退共に新たに加入する事業主は、加入後4ヵ月目から1年間にわたり、国から掛金月額の全額の助成を受けることができる。
2. 事業主の配偶者や事業主と生計を一にする同居の親族は、事業主に使用される者であっても、中退共に加入することはできない。
3. 中退共からの退職金の受取方法は一括して受け取る方法のみであり、退職金を分割して受け取ることはできない。
4. 被共済者が退職後に中小企業者に雇用されて再び被共済者となった場合は、所定の要件の下、前後の退職金共済契約に係る掛金納付月数を通算することができる。

（学科 2014.1 問 8）

【解　説】

正解　4

1. **不適切**　新たに中小企業退職金共済（中退共）に加入する事業主は、原則として、掛金月額の2分の1相当額（上限1人5,000円）について加入後4か月目から1年間、国による助成を受けることができる。　⇨④
2. **不適切**　事業主の配偶者や事業主と生計を一にする同居の親族は、事業主に使用される者であれば中小企業退職金共済（中退共）に加入することができる。　⇨③
3. **不適切**　中小企業退職金共済（中退共）からの退職金の受取方法は一時金払、全額分割払、一部分割払から選択することができる。　⇨⑤
4. **適　切**　中小企業退職金共済（中退共）の被共済者が退職後に中小企業者に雇用されて再び被共済者となった場合は、所定の要件の下、前後の退職金共済契約に係る掛金納付月数を通算することができる。　⇨⑥

目標5分 過去問・予想問にチャレンジ

【問　題】
中小企業退職金共済および小規模企業共済に関する次の記述のうち、最も不適切なものはどれか。
1. 中小企業退職金共済に加入することができる法人企業は、常時雇用する従業員の数または資本金・出資金の額のいずれかが業種に応じて定められた基準に該当する企業である。
2. 中小企業退職金共済の掛金は、事業主と従業員が折半して負担する。
3. 加入者が支払った小規模企業共済の掛金は、その全額が所得税・住民税における小規模企業共済等掛金控除の対象となる。
4. 加入者が小規模企業共済から一括で受け取った共済金は、退職所得として所得税（および復興特別所得税）・住民税の課税対象となる。

（学科 2013.9 問 8）

【解　説】　　　　　　　　　　　　　　　　　　　►一発必中法
正解　2
1. 適切　中退共に加入することができる法人企業は、常時雇用する従業員の数または資本金・出資金の額のいずれかが業種に応じて定められた基準に該当する企業である。なお、小規模企業共済に加入することができるのは、常時使用する従業員が20人以下（商業・サービス業は5人以下）の個人事業主と会社の役員等である。　　　　　　　　　⇨①⑦
2. 不適切　中退共の掛金を拠出できるのは事業主のみである。　⇨②
3. 適切　加入者が支払った小規模企業共済の掛金は、その全額が所得税・住民税における小規模企業共済等掛金控除の対象となる。
4. 適切　加入者が小規模企業共済から一括で受け取った共済金は、退職所得として所得税（および復興特別所得税）・住民税の課税対象となる。なお、年金として受け取った場合は雑所得として所得税（および復興特別所得税）・住民税の課税対象となる。

16 中小法人の資金調達

目標5分 覚えるのはたったコレだけ!!

1 社　債

①社債には、不特定多数の投資家を対象として募集する**公募債**と、特定少数の投資家が直接引き受ける**私募債**がある。
②少人数私募債とは、親族、知人、取引先などの縁故者（**50人**未満）を対象として、企業が社債を発行して資金を調達する方法である。

2 その他の調達方法

③証書貸付とは、金銭消費貸借契約書を交付して融資を受ける方法である。
④手形貸付とは、企業が借入金額を額面とする金融機関宛の**約束手形**を差し入れることで金融機関から融資を受けて資金を調達する方法である。
⑤手形割引とは、手形を支払期日前に金融機関に買い取ってもらい、支払期日までの金利と手数料を差し引いた金額を受け取って資金を調達する方法である。
⑥増資には、**株主割当**増資、**第三者割当**増資、**公募**増資がある。
⑦株主割当増資とは、**既存の株主**を対象として企業が株式を発行して資金を調達する方法である。
⑧第三者割当増資とは、**発行会社と関係のある特定の者**を対象として企業が株式を発行して資金を調達する方法である。
⑨公募増資とは、**不特定多数の投資家**を対象として、企業が株式を発行して資金を調達する方法である。
⑩ABL（アセット・ベースト・レンディング）とは、企業が保有する売掛金などの**債権**や**在庫**などの資産を担保として金融機関から融資を受ける方法である。
⑪当座貸越とは、当座預金に**残高**がなくても、借入限度額の範囲内で決算される借入方法である。

目標2分 〇か×か？ 暗記確認ドリル

1 社　債

☐☐☐ 社債には、不特定多数の投資家を対象として募集する公募債と、特定少数の投資家が直接引き受ける私募債がある。　　　☞①答〇

☐☐☐ 少人数私募債とは、親族、知人、取引先などの縁故者（50人未満）を対象として、企業が社債を発行して資金を調達する方法である。　☞②答〇

2 その他の調達方法

☐☐☐ 証書貸付とは、金銭消費貸借契約書を交付して融資を受ける方法である。
　　　☞③答〇

☐☐☐ 手形貸付とは、企業が借入金額を額面とする金融機関宛の約束手形を差し入れることで金融機関から融資を受けて資金を調達する方法である。
　　　☞④答〇

☐☐☐ 手形割引とは、企業が借入金額を額面とする金融機関宛の約束手形を差し入れることで金融機関から融資を受けて資金を調達する方法である。
　　　☞⑤答✕

☐☐☐ 増資には、株主割当増資、第三者割当増資、公募増資がある。　☞⑥答〇

☐☐☐ 株主割当増資とは、発行会社と関係のある特定の者を対象として企業が株式を発行して資金を調達する方法である。　　　☞⑦答✕

☐☐☐ 第三者割当増資とは、既存の株主を対象として企業が株式を発行して資金を調達する方法である。　　　☞⑧答✕

☐☐☐ 公募増資とは、不特定多数の投資家を対象として、企業が株式を発行して資金を調達する方法である。　　　☞⑨答〇

☐☐☐ ABL（アセット・ベースト・レンディング）とは、企業が保有する売掛金などの債権や在庫などの資産を担保として金融機関から融資を受ける方法である。　　　☞⑩答〇

☐☐☐ 当座貸越とは、当座預金に残高がなくても、借入限度額の範囲内で決算される借入方法である。　　　☞⑪答〇

目標5分 過去問・予想問にチャレンジ

【問題】
中小企業の資金調達に関する次の記述のうち、最も不適切なものはどれか。
1. 手形借入は、企業が借入金額を額面とする金融機関宛の約束手形を差し入れることで金融機関から融資を受けて資金を調達する方法である。
2. ＡＢＬ（アセット・ベースト・レンディング）は、企業が保有する売掛債権を期日前に売却することにより資金を調達する方法である。
3. 公募増資は、不特定多数の投資家を対象として、企業が株式を発行して資金を調達する方法である。
4. 少人数私募債は、親族、知人、取引先などの縁故者（50人未満）を対象として、企業が社債を発行して資金を調達する方法である。

（学科 2015.1 問10）

【解説】
正解　2

1. 適切　手形借入（貸付）は、企業が借入金額を額面とする金融機関宛の約束手形を担保として差し入れることで金融機関から融資を受けて資金を調達する方法である。　⇨④
2. 不適切　ABL（アセット・ベースト・レンディング）は、企業が保有する売掛金などの債権や在庫などの資産を担保として金融機関から融資を受ける方法である。　⇨⑩
3. 適切　公募増資は、不特定多数の投資家を対象として、企業が株式を発行して資金を調達する方法である。　⇨⑨
4. 適切　少人数私募債とは、親族、知人、取引先などの縁故者（50人未満）を対象として、企業が社債を発行して資金を調達する方法である。　⇨②

目標5分 過去問・予想問にチャレンジ

【問題】
中小企業の資金調達に関する次の記述のうち、最も不適切なものはどれか。
1. 金融機関からの資金調達の手段には、手形貸付、証書貸付および当座貸越などがある。
2. 第三者割当増資は、特定の既存株主に限定して新株引受権を与え、新たに株式を発行して資金を調達する方法である。
3. 社債には、不特定多数の投資家を対象として募集する公募債と、特定少数の投資家が直接引き受ける私募債がある。
4. 資金調達は、月次ベースでの資金繰りだけを考慮しても、月の途中で一時的に資金不足となることもあるため、日次ベースの資金繰りも考慮したうえで行う必要がある。

（学科 2014.9 問10）

【解説】　▶一発必中法

正解　**2**

1. **適切**　金融機関からの資金調達の手段には、手形貸付、証書貸付および当座貸越などがある。　⇨③④⑪
2. **不適切**　設問は株主割当増資の説明である。第三者割当増資とは、株主か否かを問わず、発行会社と関係のある特定の者を対象として企業が株式を発行し、資金を調達する方法である。　⇨⑦⑧
3. **適切**　社債には、不特定多数の投資家を対象として募集する公募債と、特定少数の投資家が直接引き受ける私募債がある。　⇨①
4. **適切**　資金調達は、月次ベースでの資金繰りだけを考慮しても、月の途中で一時的に資金不足となることもあるため、日次ベースの資金繰りも考慮したうえで行う必要がある。

第2編

リスク管理

1 生命保険(1)

目標5分 覚えるのはたったコレだけ!!

1 保険料

①終身保険の保険料について、他の条件が同一であれば、**男性**の方が女性よりも、払込み1回当たりの保険料の金額が高い。

②終身保険の保険料について、他の条件が同一であれば、**有期**払いの方が終身払いよりも、払込み1回当たりの保険料の金額が高い。

③養老保険と定期保険の保険料について、他の条件が同一であれば、**養老保険**の方が払込み1回当たりの保険料の金額が高い。

④無選択型終身保険は、告知や診査が必要な保険に比べると、他の契約条件が同じであれば、保険料が高い。

⑤逓増定期保険は、保険期間の経過に伴い保険金額が所定の割合で**増加**するが、保険料は保険期間を通じて**一定**である。

⑥逓減定期保険は、保険期間の経過とともに死亡・高度障害保険金の金額が**減少**するが、保険料と保険期間を通じて一定である。

2 保険金・満期保険金・解約返戻金

⑦養老保険の保険期間満了まで生存した場合に支払われる満期保険金は、死亡・高度障害保険金と**同額**である。

⑧終身保険では、所定の要件を満たすことで、死亡保障に代えて年金等に内容を変更することができる。

⑨終身保険・定期保険・養老保険とも、解約時期によっては、解約返戻金が払込保険料を**下回る**ことがある。

⑩低解約返戻金型終身保険では、**保険料払込期間中**のみ、解約返戻金が**低く**設定される。

目標2分 ○か×か？ 暗記確認ドリル

1 保険料

- 終身保険の保険料について、他の条件が同一であれば、男性の方が女性よりも、払込み1回当たりの保険料の金額が高い。 ☞①答○
- 終身保険の保険料について、他の条件が同一であれば、終身払いの方が有期払いよりも、払込み1回当たりの保険料の金額が高い。 ☞②答×
- 養老保険と定期保険の保険料について、他の条件が同一であれば、養老保険の方が払込み1回当たりの保険料の金額が低い。 ☞③答×
- 無選択型終身保険は、告知や診査が必要な保険に比べると、他の契約条件が同じであれば、保険料が高い。 ☞④答○
- 逓増定期保険は、保険期間の経過に伴い保険金額が所定の割合で増加するが、保険料は保険期間を通じて減少する。 ☞⑤答×
- 逓減定期保険は、保険期間の経過とともに死亡・高度障害保険金の金額が減少するが、保険料は保険期間を通じて一定である。 ☞⑥答○

2 保険金・満期保険金・解約返戻金

- 養老保険の保険期間満了まで生存した場合に支払われる満期保険金は、死亡・高度障害保険金と同額である。 ☞⑦答○
- 終身保険では、所定の要件を満たすことで、死亡保障に代えて年金等に内容を変更することができる。 ☞⑧答○
- 終身保険・定期保険・養老保険とも、いつ解約しても、解約返戻金が払込保険料を上回る。 ☞⑨答×
- 低解約返戻金型終身保険では、保険料払込期間中のみ、解約返戻金が低く設定される。 ☞⑩答○

目標5分 過去問・予想問にチャレンジ

【問題】
生命保険の一般的な商品性に関する次の記述のうち、最も不適切なものはどれか。なお、いずれも保険料は毎月平準払いであるものとする。

1. 終身保険の保険料について、被保険者が男性の場合と女性の場合を比較すると、他の条件が同一であれば、女性の方が払込み1回当たりの保険料の金額が高い。
2. 終身保険の保険料について、保険料払込期間が有期払いの場合と終身払いの場合を比較すると、他の条件が同一であれば、有期払いの方が払込み1回当たりの保険料の金額が高い。
3. 逓増定期保険の保険料について、他の条件が同一であれば、契約日から保険金額の逓増率が変更される保険年度までの期間が短いほど、払込み1回当たりの保険料の金額が高い。
4. 養老保険と定期保険の保険料について、他の条件が同一であれば、養老保険の方が払込み1回当たりの保険料の金額が高い。　　（学科 2015.1 問 11）

【解説】　　　　　　　　　　　　　　　　　　　　　　▶一発必中法
正解　1

1. 不適切　終身保険の保険料について、他の条件が同一であれば、男性の方が女性よりも死亡率が高いため、払込み1回当たりの保険料の金額が高い。　　⇨①
2. 適切　終身保険の保険料について、他の条件が同一であれば、有期払いの方が終身払いよりも、払込み1回当たりの保険料の金額が高い。　　⇨②
3. 適切　逓増定期保険の保険料について、他の条件が同一であれば、契約日から保険金額の逓増率が変更される保険年度までの期間が短いほど、払込み1回当たりの保険料の金額が高い。
4. 適切　養老保険と定期保険の保険料について、他の条件が同一であれば、掛け捨ての定期保険よりも満期保険金のある養老保険の方が払込み1回当たりの保険料の金額が高い。　　⇨③

目標5分 過去問・予想問にチャレンジ

【問　題】
終身保険の一般的な商品性に関する次の記述のうち、最も適切なものはどれか。
1. 一時払終身保険は、契約後の解約時期にかかわらず解約返戻金が払込保険料を下回ることはない。
2. 無選択型終身保険は、被保険者の健康状態を診査する費用がかからないため、他の条件が同一であれば、告知や診査を必要とする終身保険に比べて割安な保険料が設定されている。
3. 利率変動型積立終身保険（アカウント型保険）は、主契約の適用利率が契約後一定期間ごとに見直されるが、最低保証利率が設定されている。
4. 低解約返戻金型終身保険は、解約返戻金の金額を低く設定する期間について、契約者が任意に指定できる。

（学科 2016.1 問 13）

【解　説】　　　　　　　　　　　　　　　　　　　　　▶消去法
正解　3
1. 不適切　一時払終身保険であっても、解約時期によっては、解約返戻金が払込保険料を下回ることがある。　⇨⑨
2. 不適切　無選択型終身保険は、被保険者の健康状態にかかわらず加入することができるため、他の条件が同一であれば、告知や診査を必要とする終身保険に比べて割高な保険料が設定されている。　⇨④
3. 適　切　利率変動型積立終身保険（アカウント型保険）は、主契約の適用利率が契約後一定期間ごとに見直されるが、最低保証利率が設定されている。
4. 不適切　低解約返戻金型終身保険の解約返戻金を低く設定する期間については、保険料払込期間中のみである。　⇨⑩

2 生命保険(2)

> **目標5分** 覚えるのはたったコレだけ!!

1 主な特約や第三分野の保険の特徴

① 特定(三大)疾病保障定期保険は、被保険者が**ガン**、**急性心筋梗塞**または**脳卒中**により所定の状態となった場合、死亡保険金と**同額**の特定疾病保険金を受け取り、受け取った時点で契約は**消滅**する。

② 特定(三大)疾病保障定期保険は、特定疾病保険金を受け取らずに死亡した場合、死亡原因を**問わず**死亡保険金が支払われる。

③ 医療保険の入院給付金や手術給付金は、病気や不慮の事故による傷害等の治療を目的とした医師の指示する所定の入院や手術が対象となり、治療を目的としない**美容整形**や**正常分娩**に伴う入院や手術は対象とならない。

④ ガン保険は、責任開始までに一定の免責期間を設定しており、その期間中に被保険者がガンと診断確定した場合には、契約は**無効**になる。

⑤ 医療保険の入院給付金支払日数には限度がある。**ガン保険**の入院給付金支払日数には限度がない。

⑥ 所得補償保険は、**病気**や**障害**により就業不能になった場合に、被保険者が喪失する所得を補償する保険であり、被保険者が入院しているか否かは保険金支払いの要件に**含まれない**。

⑦ 民間の保険会社の介護保険では、保険金の支払事由となる要介護状態の認定が、各保険会社所定の基準で行われるもののほかに、**公的介護保険**の要介護認定に連動して行われるものもある。

⑧ 先進医療特約は、**治療・手術**の時点において厚生労働大臣により承認された先進医療が給付金支払いの対象となる。

目標2分 〇か×か？ 暗記確認ドリル

1 主な特約や第三分野の保険の特徴

☐☐☐ 特定（三大）疾病保障定期保険は、被保険者がガン、急性心筋梗塞または脳卒中により所定の状態となった場合、死亡保険金と同額の特定疾病保険金を受け取り、契約は<u>継続される</u>。　☞① 答 ×

☐☐☐ 特定（三大）疾病保障定期保険は、被保険者がガン、急性心筋梗塞または脳卒中により死亡した場合に<u>のみ死亡保険金が支払われる</u>。
☞② 答 ×

☐☐☐ 医療保険の入院給付金や手術給付金は、病気や不慮の事故による傷害等の治療を目的とした医師の指示する所定の入院や手術が対象となり、治療を目的としない美容整形や正常分娩に伴う入院や手術は対象とならない。　☞③ 答 〇

☐☐☐ ガン保険は、責任開始までに一定の免責期間を設定しており、その期間中に被保険者がガンと診断確定した場合には、契約は無効になる。
☞④ 答 〇

☐☐☐ 医療保険の入院給付金支払日数には限度がある。ガン保険の入院給付金支払日数には限度がない。　☞⑤ 答 〇

☐☐☐ 所得補償保険は、病気や障害により就業不能になった場合に、被保険者が喪失する所得を補償する保険であり、被保険者が入院していることが保険金支払いの要件に<u>含まれる</u>。　☞⑥ 答 ×

☐☐☐ 民間の保険会社の介護保険では、保険金の支払事由となる要介護状態の認定が、各保険会社所定の基準で行われるもののほかに、公的介護保険の要介護認定に連動して行われるものもある。　☞⑦ 答 〇

☐☐☐ 先進医療特約は、<u>契約の時点</u>において厚生労働大臣により承認された先進医療が給付金支払いの対象となる。　☞⑧ 答 ×

目標5分 過去問・予想問にチャレンジ

【問題】
第三分野の保険の一般的な商品性に関する次の記述のうち、最も不適切なものはどれか。
1. 医療保険では、人間ドックで異常が認められて医師の指示で精密検査のために入院した場合、入院給付金が支払われる。
2. 特定(三大)疾病保障定期保険では、被保険者が、ガン、急性心筋梗塞、脳卒中により所定の状態となった場合、特定疾病保険金が支払われる。
3. ガン保険では、契約した翌日に被保険者がガンと診断された場合、診断給付金は支払われない。
4. 先進医療特約では、保険契約日において厚生労働大臣により承認されていた先進医療のみが給付金支払いの対象となる。

(学科 2016.1 問18)

【解説】
正解　4

1. 適切　医療保険では、検査であっても医師の指示による入院であれば、入金給付金が支払われる。　⇨③
2. 適切　特定(三大)疾病保障定期保険は、被保険者がガン、急性心筋梗塞または脳卒中により所定の状態となった場合、死亡保険金と同額の特定疾病保険金が支払われる。また、支払われた時点で契約は消滅する。　⇨①
3. 適切　ガン保険は、責任開始までに一定の免責期間を設定しており、その期間中に被保険者がガンと診断確定した場合には、契約は無効になる。　⇨④
4. 不適切　先進医療特約は、治療・手術の時点において厚生労働大臣により承認された先進医療が給付金支払いの対象となる。　⇨⑧

目標5分 過去問・予想問にチャレンジ

【問　題】
第三分野の保険の一般的な商品性に関する次の記述のうち、最も適切なものはどれか。
1．医療保険は、病気や不慮の事故による傷害等を原因とする所定の手術に加えて、正常分娩に伴う手術に対しても、手術給付金が支払われる。
2．ガン保険の入院給付金には、1回の入院での支払限度日数や保険期間を通じて累計した支払限度日数は決められていない。
3．特定（三大）疾病保障定期保険は、被保険者がガン、急性心筋梗塞、脳卒中のいずれかにより死亡した場合に限り、死亡保険金が支払われる。
4．介護保険は、公的介護保険制度を補完するものであり、介護保険法上、公的介護保険の要介護認定基準に連動した一時金および年金の支給が義務付けられている。

（学科 2015.9 問 18）

【解　説】
正解　2

1．不適切　医療保険の手術給付金は、病気や不慮の事故による傷害等を原因とする所定の手術が対象となり、治療を目的としない美容整形手術や正常分娩に伴う手術は対象とならない。　⇨③
2．適　切　ガン保険の入院給付金支払日数には限度がない。医療保険の入院給付金支払日数には限度がある。　⇨⑤
3．不適切　特定（三大）疾病保障定期保険は、特定疾病保険金を受け取らずに死亡した場合、死亡原因を問わず死亡保険金が支払われる。　⇨②
4．不適切　介護保険には公的介護保険の要介護認定基準に連動したものが多いが、介護保険法上で義務付けられているものではない。　⇨⑦

3 個人年金

目標5分 覚えるのはたったコレだけ!!

1 個人年金の特徴

①確定年金は、年金支払期間中に被保険者が死亡した場合、残りの期間に**対応する**年金現価または一時金が相続人に支払われる。

②確定年金は、年金の支払いに代えて、将来の年金の**現価**に相当する金額の一括支払いを選択することもできる。

③保証期間付終身年金は、年金受取開始後の保証期間中については被保険者の生死に関係なく年金を受け取ることができ、その後も被保険者が生存していれば年金を受け取ることができる。

④保証期間付終身年金は、年金支払開始後の保証期間中に被保険者が死亡した場合には、残りの保証期間に**対応する**年金現価または一時金が相続人に支払われる。

⑤夫婦年金は、年金支払期間開始後、夫婦の**いずれか**が生存していれば年金が支払われる。

⑥確定年金や終身年金等の定額個人年金保険では、年金支払開始前に被保険者が死亡した場合、死亡するまでの**払込保険料総額**が死亡給付金として支払われる。

⑦外貨建て個人年金保険は、年金を円貨で受け取る場合、為替の変動によっては年金受取総額が既払込保険料相当額を下回ることがある。

2 変額個人年金の特徴

⑧変額個人年金保険では、払い込まれた保険料は、年金支払開始時までは**特別勘定**で運用される。

⑨変額個人年金保険は、保険料を株式や債券などで運用し、その運用の実績によって将来受け取る年金額が増減する。

⑩変額個人年金保険では、年金支払開始日前に被保険者が死亡した場合に支払われる死亡給付金の額は、既払込保険料相当額が**最低保証**されている。

目標2分 ○か×か？ 暗記確認ドリル

1　個人年金の特徴

- 確定年金は、年金支払期間中に被保険者が死亡した場合、残りの期間に対応する年金現価または一時金が相続人に支払われる。　☞①答○
- 確定年金は、年金の支払いに代えて、将来の年金の受取予定合計額と同額の一括支払いを選択することもできる。　☞②答×
- 保証期間付終身年金は、年金受取開始後の保証期間中については被保険者の生死に関係なく年金を受け取ることができ、その後も被保険者が生存していれば年金を受け取ることができる。　☞③答○
- 保証期間付終身年金は、年金支払開始後の保証期間中に被保険者が死亡した場合には、残りの保証期間に対応する年金現価または一時金が相続人に支払われる。　☞④答○
- 夫婦年金は、年金支払期間開始後、夫婦共に生存していれば年金が支払われる。　☞⑤答×
- 確定年金や終身年金等の定額個人年金保険では、年金支払開始前に被保険者が死亡した場合、死亡するまでの払込保険料総額が死亡給付金として支払われる。　☞⑥答○
- 外貨建て個人年金保険は、年金を円貨で受け取る場合、為替の変動によっては年金受取総額が既払込保険料相当額を下回ることがある。　☞⑦答○

2　変額個人年金の特徴

- 変額個人年金保険では、払い込まれた保険料は、年金支払開始時までは一般勘定で運用される。　☞⑧答×
- 変額個人年金保険は、保険料を株式や債券などで運用し、その運用の実績によって将来受け取る年金額が増減する。　☞⑨答○
- 変額個人年金保険では、年金支払開始日前に被保険者が死亡した場合に支払われる死亡給付金の額は、既払込保険料相当額となる。　☞⑩答×

目標5分 過去問・予想問にチャレンジ

3 個人年金

【問題】
定額個人年金保険の一般的な商品性に関する次の記述のうち、最も不適切なものはどれか。
1. 年金受取人が受け取ることができる年金額は、契約時に定められた年金額のみであり、年金支払開始前や年金支払開始後の積立配当金によって年金額が増額されることはない。
2. 外貨建て個人年金保険において、死亡給付金や年金を円貨で受け取る場合、為替の変動によっては死亡給付金額や年金額等が支払保険料相当額を下回ることがある。
3. 年金受取方法の一つである確定年金は、年金受取期間中に年金受取人が死亡した場合、残りの受取期間に対応する年金または一時金を受け取ることができる。
4. 年金受取人と契約者(=保険料負担者)が異なる場合、年金受取人は年金支払開始時に年金受給権を取得したものとみなされ、当該受給権については贈与税の課税対象となる。
（学科 2016.1 問 12）

【解説】　▶消去法
正解　1
1. **不適切**　年金受取人が受け取ることができる年金額には、年金支払開始前や年金支払開始後の積立配当金によって年金額が増額されることがある。
2. **適切**　外貨建て個人年金保険において、死亡給付金や年金を円貨で受け取る場合、為替の変動によっては死亡給付金額や年金額等が支払保険料相当額を下回ることがある。⇨⑦
3. **適切**　確定年金は、年金支払期間中に被保険者が死亡した場合、残りの期間に対応する年金または一時金が支払われる。⇨①
4. **適切**　年金受取人と契約者(=保険料負担者)が異なる場合、年金受取人は年金支払開始時に年金受給権を取得したものとみなされ、当該受給権を贈与されたとみなされ贈与税の課税対象となる。この点は後述するので、繰返し学習でマスターしてほしい。⇨本編7課⑩

過去問・予想問にチャレンジ 〔目標5分〕

【問　題】
個人年金保険の一般的な商品性に関する次の記述のうち、最も不適切なものはどれか。
1．変額個人年金保険は、保険料を株式や債券などで運用し、その運用の実績によって将来支払われる年金額は増減する。
2．外貨建て個人年金保険は、年金を円貨で受け取る場合、為替の変動によっては年金受取総額が既払込保険料相当額を下回ることがある。
3．保証期間付終身年金は、保証期間中に被保険者（＝年金受取人）が死亡した場合、残りの保証期間に対応する年金または一時金が相続人に支払われる。
4．確定年金は、年金支払い開始前に被保険者が死亡した場合、契約時に定めた年金受取総額と同額の死亡保険金が支払われる。

（学科 2015.9 問12）

【解　説】
正解　4
1．**適　切**　変額個人年金保険は、保険料を株式や債券などで運用し、その運用の実績によって将来受け取る年金額が増減する。　⇨⑨
2．**適　切**　外貨建て個人年金保険において、死亡給付金や年金を円貨で受け取る場合、為替の変動によっては死亡給付金額や年金額等が支払保険料相当額を下回ることがある。　⇨⑦
3．**適　切**　保証期間付終身年金は、年金支払開始後の保証期間中に被保険者が死亡した場合には、残りの保証期間に対応する年金または一時金が相続人に支払われる。　⇨④
4．**不適切**　種類を問わず、個人年金保険では、年金支払開始前に被保険者が死亡した場合、死亡するまでの払込保険料総額が死亡給付金として支払われる。　⇨⑥

4 傷害保険

目標5分 覚えるのはたったコレだけ!!

1 傷害保険

①普通傷害保険では、**急激**かつ**偶然**な**外来**の事故によって被った傷害が保険金支払いの対象となる。
②普通傷害保険では、**日本国内外**を問わず、補償の対象となる。
③普通傷害保険では、**地震**を原因とする傷害を補償の対象とする場合は特約を付帯する必要がある。
④家族傷害保険の被保険者には、被保険者本人（記名被保険者）およびその配偶者のほか、本人または配偶者と生計を共にする同居の親族および本人または配偶者と生計を共にする**別居の未婚の子**も含まれる。
⑤家族傷害保険において補償の対象となる被保険者の範囲は、傷害の原因となった**事故発生時**の記名被保険者本人との続柄により判定される。

2 旅行に係る傷害保険

⑥**地震**、**噴火**またはこれらによる**津波**を原因とする傷害は、国内旅行傷害保険では補償の対象とならない。海外旅行傷害保険では対象になる。
⑦旅行中にかかった**細菌性食中毒**は、国内旅行傷害保険と海外旅行傷害保険の補償の対象となる。
⑧海外旅行傷害保険では、海外旅行の行程中であれば自宅から空港に向かうまでの間の**国内**で起きた事故による傷害も補償の対象となる。

目標2分 〇か ×か？ 暗記確認ドリル

1 傷害保険

☐☐☐ 普通傷害保険では、急激かつ偶然な外来の事故によって被った傷害が保険金支払いの対象となる。　☞①答〇

☐☐☐ 普通傷害保険では、日本国内の事故のみが、補償の対象となる。　☞②答×

☐☐☐ 普通傷害保険では、地震を原因とする傷害を補償の対象とする場合は特約を付帯する必要がある。　☞③答〇

☐☐☐ 家族傷害保険の被保険者には、被保険者本人（記名被保険者）およびその配偶者のほか、本人または配偶者と生計を共にする同居の親族および本人または配偶者と生計を共にする別居の未婚の子も含まれる。　☞④答〇

☐☐☐ 家族傷害保険において補償の対象となる被保険者の範囲は、契約時の記名被保険者本人との続柄により判定される。　☞⑤答×

2 旅行に係る傷害保険

☐☐☐ 地震、噴火またはこれらによる津波を原因とする傷害は、国内旅行傷害保険と海外旅行傷害保険の補償の対象になる。　☞⑥答×

☐☐☐ 旅行中にかかった細菌性食中毒は、国内旅行傷害保険と海外旅行傷害保険の補償の対象となる。　☞⑦答〇

☐☐☐ 海外旅行傷害保険では、海外旅行の行程中であれば自宅から空港に向かうまでの間の国内で起きた事故による傷害も保険金支払いの対象となる。　☞⑧答〇

目標5分 過去問・予想問にチャレンジ

【問　題】
傷害保険の一般的な商品性に関する次の記述のうち、最も不適切なものはどれか。なお、特約は付帯していないものとする。
1．家族傷害保険では、保険期間中に出生した記名被保険者本人の子は被保険者となる。
2．普通傷害保険の保険料は、被保険者の年齢により異なる。
3．国内旅行傷害保険では、旅行中の食事による細菌性食中毒は補償の対象となる。
4．海外旅行（傷害）保険では、旅行中に遭遇した噴火による傷害は補償の対象となる。

（学科 2016.1 問 16）

【解　説】　　　　　　　　　　　　　　　　　　　　　　　▶消去法
正解　2

1．適切　家族傷害保険において補償の対象となる被保険者の範囲は、傷害の原因となった事故発生時の記名被保険者本人との続柄により判定される。
⇨⑤

2．不適切　普通傷害保険の保険料は、被保険者の職業や職種により異なる。

3．適切　国内旅行傷害保険と海外旅行傷害保険では、国内旅行中にかかった細菌性食中毒も補償の対象となる。なお、普通傷害保険では、細菌性食中毒は補償の対象とならない。
⇨⑦

4．適切　海外旅行（傷害）保険では、旅行中に遭遇した噴火による傷害は補償の対象となる。なお、国内旅行傷害保険では、補償の対象とならない。
⇨⑥

目標5分 過去問・予想問にチャレンジ

【問題】
傷害保険の一般的な商品性に関する次の記述のうち、最も適切なものはどれか。
1. 普通傷害保険は、被保険者の就業中に生じた事故による傷害は補償の対象とならない。
2. 家族傷害保険は、保険契約締結時における所定の範囲の親族が被保険者となり、保険契約締結後に記名被保険者に誕生した子は被保険者とならない。
3. 交通事故傷害保険は、自動車や自転車などの交通事故による傷害のほか、エレベーターやエスカレーターの搭乗中に生じた事故による傷害も補償の対象となる。
4. 国内旅行傷害保険では、国内旅行中にかかった細菌性食中毒は補償の対象とならない。

（学科 2015.9 問 16）

▶消去法

【解説】
正解　3
1. **不適切**　普通傷害保険では、日本国内外を問わず、急激かつ偶然な外来の事故によって被った傷害が保険金支払いの対象となる。就業中か否かは問わない。なお、個人賠償責任保険では就業中に起きた事故は補償の対象とならない。　⇨①
2. **不適切**　家族傷害保険において補償の対象となる被保険者の範囲は、傷害の原因となった事故発生時の記名被保険者本人との続柄により判定される。　⇨⑤
3. **適切**　交通事故傷害保険は、自動車や自転車などの交通事故による傷害のほか、エレベーターやエスカレーターの搭乗中に生じた事故による傷害も補償の対象となる。
4. **不適切**　旅行中にかかった細菌性食中毒は、国内旅行傷害保険と海外旅行傷害保険の補償の対象となる。　⇨⑦

5 自動車保険

目標5分 覚えるのはたったコレだけ!!

1 自動車損害賠償責任保険（自賠責保険）

①自賠責保険は、自賠法により原動機付自転車を**含む**全ての車に加入が義務付けられている強制保険で、保険料は一律である。

②自賠責保険の被保険者は、自動車の**保有者**と**運転者**である。

③自賠責保険の対象となる事故は**対人**賠償事故であり、対物賠償事故は対象とならない。

④自賠責保険の保険金は、加害車両1台につき被害者1名ごとに支払限度額が定められている。死亡は最高**3,000万円**、後遺障害は最高**4,000万円**、傷害は最高120万円である。死亡より後遺障害の方が高額である。

⑤自賠責保険では、被保険者（加害者）だけでなく被害者からも、保険会社に対して保険金の支払いを請求することができる。

2 その他の自動車保険

⑥対人賠償保険では、被保険者が事故により他人を死傷させ法律上の損害賠償責任を負った場合、自動車損害賠償責任保険から支払われるべき金額を**超える部分**について保険金が支払われる。

⑦対人賠償保険は、運転免許失効中の者が運転中に自動車事故で他人を死傷させた場合であっても、保険金支払いの対象となる。

⑧人身傷害補償保険では、被保険者が自動車事故で死傷した場合、治療費などの損害について、被保険者の**過失にかかわらず**、全額が保険金の支払い対象となる。

⑨搭乗者傷害保険では、被保険自動車の搭乗者が自動車事故によって死傷した場合、損害賠償金等の金額にかかわらず、あらかじめ定められた金額の保険金が支払われる。

⑩車両保険は、特約を付さなければ、一般に、**地震**・**噴火**またはこれらによる**津波**による損害は保険金の支払いの対象とはならない。

目標2分 〇か×か？ 暗記確認ドリル

1 自動車損害賠償責任保険（自賠責保険）

□□□ 自賠責保険は、自賠法により原動機付自転車を含む全ての車に加入が義務付けられている強制保険で、保険料は一律である。　☞①答〇

□□□ 自賠責保険の被保険者は、自動車の保有者と運転者である。　☞②答〇

□□□ 自賠責保険の対象となる事故は対人賠償事故であり、対物賠償事故は対象とならない。　☞③答〇

□□□ 自賠責保険の保険金は、加害車両1台につき被害者1名ごとに支払限度額が定められている。死亡は最高4,000万円、後遺障害は最高3,000万円、傷害は最高120万円である。　☞④答×

□□□ 自賠責保険では、被保険者（加害者）からのみ、保険会社に対して保険金の支払いを請求することができる。　☞⑤答×

2 その他の自動車保険

□□□ 対人賠償保険では、被保険者が事故により他人を死傷させ法律上の損害賠償責任を負った場合、その全額について保険金が支払われる。　☞⑥答×

□□□ 対人賠償保険は、運転免許失効中の者が運転中に自動車事故で他人を死傷させた場合、保険金支払いの対象とならない。　☞⑦答×

□□□ 人身傷害補償保険では、被保険者が自動車事故で死傷した場合、治療費などの損害について、被保険者の過失部分を除いた金額が保険金の支払い対象となる。　☞⑧答×

□□□ 搭乗者傷害保険では、被保険自動車の搭乗者が自動車事故によって死傷した場合、損害賠償金等の金額にかかわらず、あらかじめ定められた金額の保険金が支払われる。　☞⑨答〇

□□□ 車両保険は、特約を付さなければ、一般に、地震・噴火またはこれらによる津波による損害は保険金の支払いの対象とはならない。　☞⑩答〇

目標5分 過去問・予想問にチャレンジ

【問題】
自動車損害賠償責任保険（以下「自賠責保険」という）に関する次の記述の空欄（ア）〜（エ）にあてはまる語句または数値の組み合わせとして、正しいものはどれか。

- 自賠責保険は、原動機付き自転車を（ア）すべての自動車に加入が義務付けられている。
- 死亡事故の場合の保険金の支払限度額は、死亡による損害に対しては被害者1人当たり（イ）万円まで、死亡に至るまでの傷害による損害に対しては被害者1人当たり（ウ）万円までとなっている。
- 保険金を事故の被害者が保険会社に直接請求することは（エ）。

1．（ア）除く　（イ）3,000　（ウ）120　（エ）できない
2．（ア）除く　（イ）4,000　（ウ）150　（エ）できる
3．（ア）含む　（イ）4,000　（ウ）150　（エ）できない
4．（ア）含む　（イ）3,000　（ウ）120　（エ）できる

（実技 2015.1 問 14）

【解説】
正解　4
（ア）自賠責保険は、自賠法により原動機付自転車を含む全ての車に加入が義務付けられている。　⇨①
（イ）（ウ）加害車両1台につき被害者1名ごとに支払限度額が定められており、死亡は最高3,000万円、後遺障害は最高4,000万円、傷害は最高120万円である。　⇨④
（エ）自賠責保険では、被保険者（加害者）だけでなく被害者からも、保険会社に対して保険金の支払いを請求することができる。　⇨⑤

目標5分 過去問・予想問にチャレンジ

【問 題】
自動車損害賠償責任保険（以下「自賠責保険」という）に関する次の（ア）～（エ）の記述について、適切なものには○、不適切なものには×を解答欄に記入しなさい。

（ア）自賠責保険は、原動機付き自転車を除くすべての自動車に加入が義務付けられている。
（イ）自賠責保険の被保険者は、自動車の保有者と運転者である。
（ウ）死亡事故の場合、自賠責保険から支払われる保険金の支払限度額は、死亡による損害に対しては被害者1人当たり3,000万円、死亡に至るまでの傷害による損害に対しては被害者1人当たり120万円となっている。
（エ）自賠責保険の保険料は、取り扱う損害保険会社や共済組合によって異なる。

（実技 2013.9 問 14）

【解 説】
正解　（ア）×　（イ）○　（ウ）○　（エ）×

（ア）不適切　自賠責保険は、自賠法により原動機付自転車を含む全ての車に加入が義務付けられている。　⇨①

（イ）適　切　自賠責保険の被保険者は、自動車の保有者と運転者である。　⇨②

（ウ）適　切　自賠責保険の保険金は、加害車両1台につき被害者1名ごとに支払限度額が定められている。死亡は最高3,000万円、後遺障害は最高4,000万円、傷害は最高120万円である。　⇨④

（エ）不適切　自賠責保険は、自賠法によって加入を義務付けられている強制保険であり、保険料は取り扱う会社や組合によって異なることはない。　⇨①

6 地震保険と企業のための保険

目標5分 覚えるのはたったコレだけ!!

1 地震保険

①地震保険の保険料は、保険の対象となる建物の**所在地**および**構造**によって算出される。

②地震を原因とする火災により、住宅で保管していた**現金**や**有価証券**が焼失した場合、地震保険の保険金支払いの対象とならない。

③地震保険の保険料には、建築年割引、耐震等級割引、免震建築物割引、耐震診断割引の**4種類**の割引制度があるが、これらは重複して適用を受けることが**できない**。

④地震保険の保険金額は、主契約である火災保険の保険金額の**30%**から**50%**の範囲内で設定し、その限度額は建物が**5,000万円**、家財（生活用動産）が**1,000万円**である。

⑤地震保険では、保険の対象となる建物や家財（生活用動産）の損害の程度を全損、半損、一部損の**3段階**に区分して保険金が支払われる。

2 企業のための保険

⑥施設所有（管理）者賠償責任保険は、施設を**所有**したり**管理**したりしていることにより賠償責任を負った場合に補償する保険である。

⑦生産物賠償責任保険（PL保険）は、製造もしくは販売した製品、または行った仕事の**結果**に起因して賠償責任を負った場合に補償する保険である。

⑧請負業者賠償責任保険は、請負業者等が**請負作業中**の事故により賠償責任を負った場合に補償する保険である。

⑨受託者賠償責任保険は、受託物に保管中の事故で損害を与え、賠償責任を負ったときに補償する保険である。

⑩機械保険は、機械設備および装置が偶発的な事故によって被った損害を填補する保険である。火災による被害は**対象外**である。

目標2分 ○か×か？ 暗記確認ドリル

1 地震保険

- 地震保険の保険料は、保険の対象となる建物の所在地および構造によって算出される。 ☞①答○
- 地震を原因とする火災により、住宅で保管していた現金や有価証券が焼失した場合、地震保険の保険金支払いの対象とならない。 ☞②答○
- 地震保険の保険料には、建築年割引、耐震等級割引、免震建築物割引、耐震診断割引の4種類の割引制度があり、これらは重複して適用を受けることができる。 ☞③答×
- 地震保険の保険金額は、主契約である火災保険の保険金額の30%から50%の範囲内で設定し、その限度額は建物が3,000万円、家財（生活用動産）が1,000万円である。 ☞④答×
- 地震保険では、保険の対象となる建物や家財（生活用動産）の損害の程度を全損、半損の2段階に区分して保険金が支払われる。 ☞⑤答×

2 企業のための保険

- 施設所有（管理）者賠償責任保険は、受託物に保管中の事故で損害を与え、賠償責任を負ったときに補償する保険である。 ☞⑥答×
- 生産物賠償責任保険（PL保険）は、製造もしくは販売した製品、または行った仕事の結果に起因して賠償責任を負った場合に補償する保険である。 ☞⑦答○
- 請負業者賠償責任保険は、請負業者等が請負作業中の事故により賠償責任を負った場合に補償する保険である。 ☞⑧答○
- 受託者賠償責任保険は、施設を所有したり管理したりしていることにより賠償責任を負った場合に補償する保険である。 ☞⑨答×
- 機械保険は、機械設備および装置が火災を含めた事故によって被った損害を塡補する保険である。 ☞⑩答×

目標5分 過去問・予想問にチャレンジ

【問題】
地震保険に関する次の（ア）～（ウ）の記述について、正しいものには○、誤っているものには×を解答欄に記入しなさい。
（ア）地震保険の保険金額は、居住用建物ならびに家財ごとに火災保険の保険金額の30%～80%の範囲内で設定する。
（イ）地震保険の保険金額は、居住用建物は5,000万円、家財は1,000万円が限度となる。
（ウ）地震保険の保険金は、保険の対象に生じた損害が、全損、半損、一部損のいずれかに該当した場合に支払われる。

（実技2014.1 問13）

【解説】
正解　（ア）×　（イ）○　（ウ）○

（ア）**不適切**　地震保険の保険金額は、居住用建物ならびに家財ごとに主契約である火災保険の保険金額の30%から50%の範囲内で設定する。　⇨④

（イ）**適切**　地震保険の保険金額の限度額は、建物が5,000万円、家財（生活用動産）が1,000万円である。　⇨④

（ウ）**適切**　地震保険では、保険の対象となる建物や家財（生活用動産）の損害の程度を全損、半損、一部損の3段階に区分して保険金が支払われる。　⇨⑤

目標5分 過去問・予想問にチャレンジ

【問 題】
損害保険を活用した事業活動のリスク管理に関する次の記述のうち、最も適切なものはどれか。
1．飲食店を営む企業が、食中毒が発生することによる売上げの減少に備えて、生産物賠償責任保険（ＰＬ保険）を契約した。
2．印刷業を営む企業が、工場内の機械設備・装置が火災により損害を被った場合に備えて、機械保険を契約した。
3．家具製造業を営む企業が、労働者災害補償保険（政府労災保険）の上乗せ補償を目的に、労働災害総合保険を契約した。
4．遊園地を運営する企業が、遊具の点検・整備中に従業員がケガをした場合に備えて、施設所有（管理）者賠償責任保険を契約した。

（学科 2016.1 問 20）

【解 説】 ▶消去法
正解　3
1．不適切　生産物賠償責任保険（PL保険）は、製造もしくは販売した製品、または行った仕事の結果に起因して賠償責任を負った場合に補償する保険である。事故による売上げの減少に備えるには店舗休業保険が適している。
⇨⑦
2．不適切　機械保険は、機械設備および装置が偶発的な事故によって被った損害を填補する保険である。火災による被害は対象外である。火災による被害に備えるには、火災保険が適している。
⇨⑩
3．適切　労働災害総合保険は、労災事故が発生した場合、公的保険である労働者災害補償保険（労災保険）に上乗せして補償する保険である。
4．不適切　施設所有（管理）者賠償責任保険は、施設を所有したり管理したりしていることにより賠償責任を負った場合に補償する保険である。従業員のケガに備えるには、労働者災害補償保険や労働災害総合保険が適している。
⇨⑥

7 保険と税金(1)

目標5分 覚えるのはたったコレだけ!!

1 保険料と税金

①平成24年1月1日以後に締結した保険契約の保険料に係る「**一般の**生命保険料控除」「**介護**医療保険料控除」「**個人年金**保険料控除」の所得税における控除額の上限は、それぞれ **4** 万円である。

②平成23年12月31日以前に締結した保険契約を**更新**した場合、その更新日以後に支払う保険料に係る生命保険料控除については、平成24年1月1日以後に新規に契約した保険契約と同様の取扱いとなる。

③**傷害特約**の保険料は、生命保険料控除の対象とならない。

④自動振替貸付により保険料に充当された金額は、**貸し付けられた年**の生命保険料控除の対象となる。

⑤生命保険料控除の対象となる保険料の金額は、その年に払い込んだ保険料合計額から**受取配当金額**を差し引いた額である。

⑥個人年金保険料控除の対象となる生命保険契約は、保険料払込期間が **10年**以上であること等の一定の要件を満たし、**個人年金保険料税制適格**特約が付加された契約である。

⑦**変額**個人年金保険の保険料は、「個人年金保険料控除」の対象とはならず、「一般の生命保険料控除」の対象となる。

2 保険金と税金

⑧契約者と受取人が同一人である死亡保険金や満期保険金を受け取る場合、一時金には一時所得として、年金には雑所得として**所得税**と**住民税**が課税される。

⑨契約者と被保険者が同一人である死亡保険金には、**相続税**が課税される。

⑩契約者と被保険者、受取人が異なる死亡保険金、契約者と受取人が異なる満期保険金には、**贈与税**が課税される。

⑪身体傷害に起因する給付金やリビングニーズ特約保険金は、原則として**非課税**。

目標2分 〇か×か？ 暗記確認ドリル

1 保険料と税金

☐☐☐ 平成24年1月1日以後に締結した保険契約の保険料に係る「一般の生命保険料控除」「介護医療保険料控除」「個人年金保険料控除」の所得税における控除額の上限は、それぞれ5万円である。　☞①答 ×

☐☐☐ 平成23年12月31日以前に締結した保険契約を更新した場合、その更新日以後に支払う保険料に係る生命保険料控除については、平成24年1月1日以後に新規に契約した保険契約と同様の取扱いとなる。　☞②答 〇

☐☐☐ 傷害特約の保険料は、生命保険料控除の対象となる。　☞③答 ×

☐☐☐ 自動振替貸付により保険料に充当された金額は、貸し付けられた年の生命保険料控除の対象となる。　☞④答 〇

☐☐☐ 生命保険料控除の対象となる保険料の金額は、その年に払い込んだ保険料合計額から受取配当金額を差し引いた額である。　☞⑤答 〇

☐☐☐ 個人年金保険料控除の対象となる生命保険契約は、保険料払込期間が5年以上であること等の一定の要件を満たし、個人年金保険料税制適格特約が付加された契約である。　☞⑥答 ×

☐☐☐ 変額個人年金保険の保険料は、「個人年金保険料控除」の対象となる。　☞⑦答 ×

2 保険金と税金

☐☐☐ 契約者と受取人が同一人である死亡保険金や満期保険金を受け取る場合、常に雑所得として所得税と住民税が課税される。　☞⑧答 ×

☐☐☐ 契約者と被保険者が同一人である死亡保険金には、相続税が課税される。　☞⑨答 〇

☐☐☐ 契約者と被保険者、受取人が異なる死亡保険金、契約者と受取人が異なる満期保険金には、贈与税が課税される。　☞⑩答 〇

☐☐☐ 身体の傷害に起因して支払を受ける給付金やリビングニーズ特約保険金には、所得税と住民税が課税される。　☞⑪答 ×

目標5分 過去問・予想問にチャレンジ

【問 題】
平成24年1月1日以後に締結した生命保険契約の保険料に係る生命保険料控除に関する次の記述のうち、最も適切なものはどれか。なお、記載されたもの以外の要件はすべて満たしているものとする。

1. 「一般の生命保険料控除」「介護医療保険料控除」「個人年金保険料控除」のそれぞれの控除額の上限は、所得税では5万円である。
2. 傷害特約の保険料は、「介護医療保険料控除」の対象となる。
3. 変額個人年金保険の保険料は、「個人年金保険料控除」の対象とはならず、「一般の生命保険料控除」の対象となる。
4. 自動振替貸付により保険料に充当された金額は、貸し付けられた年の生命保険料控除の対象とはならず、貸付金を返済した年の生命保険料控除の対象となる。

（学科 2015.1 問14）

【解 説】
正解 3

1. 不適切　平成24年1月1日以後に締結した保険契約の保険料に係る「一般の生命保険料控除」「介護医療保険料控除」「個人年金保険料控除」の所得税における控除額の上限は、それぞれ4万円である。　⇨①
2. 不適切　傷害特約の保険料は、生命保険料控除の対象とならない。　⇨③
3. 適 切　変額個人年金保険の保険料は、「個人年金保険料控除」の対象とはならず、「一般の生命保険料控除」の対象となる。　⇨⑦
4. 不適切　自動振替貸付により保険料に充当された金額は、貸し付けられた年の生命保険料控除の対象となる。　⇨④

目標5分 過去問・予想問にチャレンジ

【問題】
契約者（＝保険料負担者）および被保険者を父とする生命保険の課税関係に関する次の記述のうち、最も適切なものはどれか。
1. 死亡保険金受取人が子である定期保険の場合、子が受け取った死亡保険金は、子が相続の放棄をしたときには、贈与税の課税対象となる。
2. 満期保険金受取人が子である養老保険の場合、子が受け取った満期保険金は、所得税の課税対象となる。
3. 死亡保険金受取人が子である終身保険の場合、父が受け取った解約返戻金は、所得税の課税対象となる。
4. 死亡保険金受取人が子である終身保険の場合、父がリビング・ニーズ特約に基づき受け取った生前給付金は、所得税の課税対象となる。

（学科 2015.9 問14）

【解説】　　　　　　　　　　　　　　　　　　　▶消去法

正解　3
1. 不適切　契約者と被保険者が同一人である死亡保険金を受け取る場合、受取金額には相続税が課税される。　　⇨⑨
2. 不適切　契約者と受取人が異なる満期保険金や給付金には、贈与税が課税される。　　⇨⑩
3. 適切　契約者が受け取った解約返戻金は、一時所得として所得税の課税対象となる。
4. 不適切　身体の傷害に起因して支払いを受ける給付金やリビングニーズ特約保険金は、原則として非課税である。　　⇨⑪

8 保険と税金(2)

目標5分 覚えるのはたったコレだけ!!

1 終身保険と養老保険

①死亡保険金受取人が法人である終身保険の保険料は、全期間を通じて、全額を**資産に計上**する。

②被保険者をすべての役員・従業員、保険金受取人を法人とする定期保険特約付終身保険の保険料は、終身保険部分を**資産に計上**し、特約部分を**損金に算入**する。

③死亡保険金受取人・満期保険金受取人がともに法人である養老保険の保険料は、保険料の全額を**資産に計上**する。

④死亡保険金受取人が役員・従業員の遺族、満期保険金受取人が法人である養老保険の保険料は、全期間を通じて、**2分の1**の金額を資産に計上し、残りの**2分の1**の金額を損金に算入する。これをハーフタックスプランという。

2 長期平準定期保険と個人年金保険

⑤被保険者を特定の役員、死亡保険金受取人を法人とする長期平準定期保険の保険料は、保険期間の前半**6割**相当期間については、2分の1を資産に計上し、残り2分の1は損金に算入する。

⑥死亡給付金受取人が役員・従業員の遺族、年金受取人が法人である個人年金保険の保険料は、全期間を通じて、**10分の9**の金額を資産に計上し、残りの**10分の1**の金額を損金に算入する。

目標2分 〇か×か？ 暗記確認ドリル

1 終身保険と養老保険

☐☐☐ 死亡保険金受取人が法人である終身保険の保険料は、全期間を通じて、全額を資産に計上する。　☞①答〇

☐☐☐ 被保険者をすべての役員・従業員、保険金受取人を法人とする定期保険特約付終身保険の保険料は、終身保険部分と特約部分をともに資産に計上する。　☞②答×

☐☐☐ 死亡保険金受取人・満期保険金受取人がともに法人である養老保険の保険料は、保険料の全額を資産に計上する。　☞③答〇

☐☐☐ 死亡保険金受取人が役員・従業員の遺族、満期保険金受取人が法人である養老保険の保険料は、全期間を通じて、2分の1の金額を資産に計上し、残りの2分の1の金額を損金に算入する。　☞④答〇

2 長期平準定期保険と個人年金保険

☐☐☐ 被保険者を特定の役員、死亡保険金受取人を法人とする長期平準定期保険の保険料は、保険期間の前半6割相当期間については、10分の9を資産に計上し、残り10分の1は損金に算入する。　☞⑤答×

☐☐☐ 死亡給付金受取人が役員・従業員の遺族、年金受取人が法人である個人年金保険の保険料は、全期間を通じて、2分の1の金額を資産に計上し、残りの2分の1の金額を損金に算入する。　☞⑥答×

過去問・予想問にチャレンジ (目標5分)

【問 題】

契約者（＝保険料負担者）を法人とする生命保険契約の経理処理に関する次の記述のうち、最も不適切なものはどれか。なお、特約については考慮しないものとし、いずれも保険料は毎月平準払いで支払われているものとする。

1. 被保険者が役員・従業員、死亡保険金受取人および満期保険金受取人がいずれも法人である養老保険の保険料は、2分の1の金額を保険料積立金として資産に計上し、残りの2分の1の金額を福利厚生費として損金に算入する。
2. 被保険者が特定の役員、死亡保険金受取人が法人である定期保険において、契約者配当金の積立てをした旨の通知を受けた場合、その金額（積立利息を含む）を雑収入として益金に算入し、配当金積立金として資産に計上する。
3. 被保険者が特定の役員、死亡保険金受取人が法人である終身保険（無配当保険）の死亡保険金を受け取った場合、保険料積立金を取り崩し、死亡保険金との差額を雑収入または雑損失に計上する。
4. 被保険者が役員・従業員、死亡保険金受取人が被保険者の遺族、満期保険金受取人が法人である養老保険（無配当保険）の満期保険金を受け取った場合、保険料積立金を取り崩し、満期保険金との差額を雑収入または雑損失に計上する。

（学科 2016.1 問 15）

過去問・予想問にチャレンジ 目標5分

【解説】
正解 1

1. **不適切** 死亡保険金受取人・満期保険金受取人がともに法人である養老保険の保険料は、保険料の全額を資産に計上する。　⇨③

2. **適切** 被保険者が特定の役員、死亡保険金受取人が法人である定期保険において、契約者配当金の積立てをした旨の通知を受けた場合、その金額（積立利息を含む）を雑収入として益金に算入し、配当金積立金として資産に計上する。

3. **適切** 被保険者が特定の役員、死亡保険金受取人が法人である終身保険（無配当保険）の死亡保険金を受け取った場合、保険料積立金を取り崩し、死亡保険金との差額を雑収入または雑損失に計上する。

4. **適切** 被保険者が役員・従業員、死亡保険金受取人が被保険者の遺族、満期保険金受取人が法人である養老保険（無配当保険）の満期保険金を受け取った場合、保険料積立金を取り崩し、満期保険金との差額を雑収入または雑損失に計上する。

9 契約者保護に関する制度と規制

目標5分 覚えるのはたったコレだけ!!

1 保険契約者保護機構

①生命保険会社が破綻した場合、補償対象となる生命保険契約では、高予定利率契約を除き、破綻時の**責任準備金**等の**90%**が補償される。
②**地震**保険契約では、保険会社破綻後に保険事故が発生した場合、支払われるべき保険金の額の**全額**が補償される。
③**自動車**損害賠償責任保険契約では、保険会社破綻後に保険事故が発生した場合、支払われるべき保険金の**全額**が補償される。
④疾病や傷害に関する保険では、原則として保険金の**90%**まで補償される。

2 保険法

⑤保険法は、従来、商法の中に規定されていた保険契約に関するルールが全面的に見直され、独立した法律として制定されたものである。
⑥保険法には、生命保険契約、損害保険契約に関する規定のほか、傷害疾病保険契約に関する規定が設けられている。
⑦保険法では、モラルリスクの防止のため、保険契約者または被保険者の行為により保険契約の存続を困難にする重大な事由が生じたときは、保険会社が保険契約を**解除**できる規定が設けられている。
⑧保険法では、同法の規定よりも保険契約者、被保険者、保険金受取人に不利な内容の約款の定めは**無効**となる旨が定められている。

目標2分 〇か×か？ 暗記確認ドリル

1 保険契約者保護機構

- 生命保険会社が破綻した場合、補償対象となる生命保険契約では、高予定利率契約を除き、破綻時の解約返戻金の90％が補償される。
　☞①答 ×

- 地震保険契約では、保険会社破綻後3か月以内に保険事故が発生した場合、支払われるべき保険金の額の全額が補償されるが、3か月経過後は減額される。
　☞②答 ×

- 自動車損害賠償責任保険契約では、保険会社破綻後に保険事故が発生した場合、支払われるべき保険金の全額が補償される。
　☞③答 〇

- 疾病や傷害に関する保険では、原則として保険金の90％まで補償される。
　☞④答 〇

2 保険法

- 保険法は、従来、商法の中に規定されていた保険契約に関するルールが全面的に見直され、独立した法律として制定されたものである。
　☞⑤答 〇

- 保険法には、生命保険契約、損害保険契約に関する規定のほか、傷害疾病保険契約に関する規定が設けられている。
　☞⑥答 〇

- 保険法では、モラルリスクの防止のため、保険契約者または被保険者の行為により保険契約の存続を困難にする重大な事由が生じたときは、保険会社が保険契約を解除できる規定が設けられている。
　☞⑦答 〇

- 保険法では、同法の規定よりも保険会社に不利な内容の約款の定めは無効となる旨が定められている。
　☞⑧答 ×

過去問・予想問にチャレンジ（目標5分）

【問題】
保険契約者保護機構に関する次の記述のうち、最も適切なものはどれか。
1. 日本国内で営業する保険会社であっても、その本社が日本国外にある場合は、保険契約者保護機構への加入は義務付けられていない。
2. 国内銀行の窓口で加入した生命保険契約については、生命保険契約者保護機構による補償の対象とならず、預金保険制度による保護の対象となる。
3. 生命保険契約については、保険会社破綻時の保険金・年金等の額の90％までが生命保険契約者保護機構により補償される。
4. 自動車損害賠償責任保険契約については、保険会社破綻後3ヵ月以内に保険事故が発生した場合、支払われるべき保険金の全額が損害保険契約者保護機構により補償される。

（学科 2016.1 問11）

【解説】
正解　4

1. 不適切　日本国内で営業する保険会社全てに保険契約者保護機構への加入が義務付けられている。ただし、共済と少額短期保険業者は除かれる。
2. 不適切　銀行窓口等の金融機関で加入した生命保険契約であっても、生命保険契約者保護機構の補償の対象になる。
3. 不適切　生命保険会社が破綻した場合、補償対象となる生命保険契約は、高予定利率契約を除き、破綻時の責任準備金等の90％が補償される。⇨①
4. 適切　自動車損害賠償責任保険契約は、保険会社破綻後3か月以内か否かにかかわらず、保険事故が発生した場合、支払われるべき保険金の全額が損害保険契約者保護機構により補償される。⇨③

目標5分 過去問・予想問にチャレンジ

【問 題】
わが国における保険契約者保護機構の補償対象となる保険契約の補償割合に関する次の記述のうち、最も適切なものはどれか。
1．医療保険契約は、保険会社破綻時の責任準備金等の70％までが補償される。
2．個人年金保険契約は、保険会社破綻時の責任準備金等の80％までが補償される。
3．地震保険契約は、保険会社破綻後3ヵ月以内に保険事故が発生した場合、支払われるべき保険金の額の90％までが補償される。
4．自動車損害賠償責任保険契約は、保険会社破綻後3ヵ月以内に保険事故が発生した場合、支払われるべき保険金の全額が補償される。

（学科 2014.9 問11）

【解 説】
正解　4
1．不適切　疾病や傷害に関する保険は、原則として保険金の90％まで補償される。　⇨④
2．不適切　生命保険会社が破綻した場合、補償対象となる生命保険契約は、高予定利率契約を除き、破綻時の責任準備金等の90％が補償される。　⇨①
3．不適切　地震保険契約は、保険会社破綻後に保険事故が発生した場合、破綻後の期間にかかわらず支払われるべき保険金の額の100％が補償される。　⇨②
4．適　切　自動車損害賠償責任保険契約では、保険会社破綻後に保険事故が発生した場合、破綻後の期間にかかわらず支払われるべき保険金の全額が補償される。　⇨③

第3編

金融資産運用

1 各種指標

目標5分 覚えるのはたったコレだけ!!

1 各種指標

①GDP（国内総生産）とは、一定期間内に国内で生産された**付加価値の総額**を示すものである。外国で生産された付加価値は**含まれない**。民間最終消費支出が最も高い構成比を占める。

②経済成長率は、前年比または四半期ごとの前年同期比のGDPの伸び率で表され、**名目値**と**実質値**があり、一方が上昇し、一方が下落することもある。

③景気動向指数には、**先行指数**、**一致指数**、**遅行指数**がある。

④CI（コンポジット・インデックス）は、主として景気変動の大きさやテンポ（量感）を測定することを目的としている。CIの一致指数が上昇しているときは、**景気の拡張局面**といえる。

⑤日銀短観の業況判断DIは、調査対象の企業が、業況について「良い」「さほど良くない」「悪い」の選択肢から回答し、「**良い**」と回答した割合から「**悪い**」と回答した割合を差し引いた数値で表される。

⑥日本銀行が公表しているマネーストック統計は、居住者のうち、法人（金融機関を除く）、個人、地方公共団体などの通貨保有主体が**保有する通貨の残高**を集計したものである。預金通貨も含まれる。

⑦物価指数には、**企業物価指数**（日本銀行）と**消費者物価指数**（総務省・全国の世帯が購入する財・サービスの価格等を総合した物価の変動をとらえる）がある。消費者物価指数が継続的に上昇している場合、一般的に、経済環境は**インフレーション**の状態にあると判断される。また、指数計算に採用する品目とウェイトについて定期的な見直しをしている。

⑧**完全失業率**は、労働人口に占める完全失業者の割合である。

目標2分 〇か×か？ 暗記確認ドリル

1 各種指標

☐☐☐ GDP（国内総生産）とは、一定期間内に国内で生産された付加価値の総額を示すものである。外国で生産された付加価値も含まれる。
☞①答 ×

☐☐☐ 経済成長率は、前年比または四半期ごとの前年同期比のGDPの伸び率で表され、名目値と実質値があり、一方が上昇し、一方が下落することもある。
☞②答 〇

☐☐☐ 景気動向指数には、先行指数、一致指数、遅行指数がある。 ☞③答 〇

☐☐☐ CI（コンポジット・インデックス）は、主として景気変動の大きさやテンポ（量感）を測定することを目的としている。CIの一致指数が上昇しているときは、景気の後退局面といえる。
☞④答 ×

☐☐☐ 日銀短観の業況判断DIは、調査対象の企業が、業況について「良い」「さほど良くない」「悪い」の選択肢から回答し、「良い」と回答した割合から「悪い」と回答した割合を差し引いた数値で表される。
☞⑤答 〇

☐☐☐ 日本銀行が公表しているマネーストック統計は、居住者のうち、法人（金融機関を除く）、個人、地方公共団体などの通貨保有主体が保有する通貨の残高を集計したものである。預金通貨も含まれる。
☞⑥答 〇

☐☐☐ 物価指数には、企業物価指数（日本銀行）と消費者物価指数（総務省）がある。消費者物価指数が継続的に上昇している場合、一般的に、経済環境はデフレーションの状態にあると判断される。
☞⑦答 ×

☐☐☐ 完全失業率は、労働人口に占める完全失業者の割合である。 ☞⑧答 〇

目標5分 過去問・予想問にチャレンジ

1 各種指標

【問　題】

わが国の経済指標に関する次の記述のうち、最も不適切なものはどれか。

1. 国内総生産（GDP）において最も高い構成比を占める項目は、民間最終消費支出である。
2. 消費者物価指数は、指数計算に採用する品目とそのウエイトについて定期的な見直しが行われている。
3. 経済成長率には名目値と実質値があり、物価の変動によっては、名目経済成長率が上昇していても、実質経済成長率は下落することがある。
4. 全国企業短期経済観測調査（日銀短観）は、金融部門から経済全体に供給される通貨量の残高を調査したものである。

（学科 2015.5 問 21）

【解　説】

正解　4

1. **適　切**　我が国の国内総生産（GDP）においては、民間最終消費支出が約6割を占め、最も高い構成比となっている。　⇨①
2. **適　切**　消費者物価指数は、一般消費者の購入する商品に関する価格を示す指標であり、指数計算に採用する品目とそのウエイトについて定期的な見直しが行われている。　⇨⑦
3. **適　切**　経済成長率には名目値と実質値がある。物価の変動によっては、名目経済成長率が上昇していても、実質経済成長率は下落することがある。　⇨②
4. **不適切**　全国企業短期経済観測調査（日銀短観）は、企業を対象とする景況感に関する調査である。通貨量の残高を調査するのは、マネーストック統計である。　⇨⑥

目標5分 過去問・予想問にチャレンジ

【問　題】
経済指標に関する次の記述のうち、最も適切なものはどれか。
1．消費者物価指数は、全国の世帯が購入する財やサービスの価格等を総合した物価の変動をとらえたもので、各種経済施策や公的年金の年金額の改定などに利用されている。
2．企業物価指数は、企業間で取引される財に関する価格の変動をとらえたもので、総務省により公表されている。
3．景気動向指数は、景気の現状把握および将来予測に資するために作成された指標であり、ＣＩ（コンポジット・インデックス）の一致指数が上昇しているときは、景気の後退局面と判断される。
4．完全失業率は、全国の公共職業安定所に登録されている求人数を求職者数で除して算出される。

（学科 2013.9 問 21）

【解　説】
正解　1
1．適　切　消費者物価指数は、全国の世帯が購入する財やサービスの価格等を総合した物価の変動をとらえたものである。各種経済施策や公的年金の年金額の改定などに利用されている。⇨⑦
2．不適切　企業物価指数は、企業間で取引される財に関する価格の変動をとらえたものである。日本銀行が公表している。⇨⑦
3．不適切　景気動向指数は、景気の現状把握および将来予測に資するために作成された指標であり、ＣＩの一致指数が上昇しているときは、景気の拡張局面と判断される。⇨④
4．不適切　完全失業率は、労働人口に占める完全失業者の割合である。⇨⑧

2 マーケットの理解・金融政策と財政政策

目標5分 覚えるのはたったコレだけ!!

1 マーケットの理解

①インフレーションとは、一般に、物価が継続的に**上昇**し、それにつれて貨幣価値が**下落**することをいい、資金需要が高まるので金利は**上昇**する。デフレーションの場合には、物価が継続的に**下落**し、貨幣価値が**上昇**する。

②景気拡大局面においては、一般に、消費や設備投資が活発になり資金需要が増えるため、市中金利が**上昇**しやすい。また、国内物価・国内株価の**上昇**要因となる。

③金利が上昇し、外国から資金が流入すると、一般に自国通貨高の原因となる。自国通貨が上昇すると、国内物価の**下落**要因となる。

④ある国からの輸入額の増加、ある国の通貨建て金融商品への投資額の増加は、ある国の通貨需要が増加するため、ある国の通貨に対して**円安**要因となる。

⑤日本の物価上昇率が、ある国の物価上昇率よりも高くなることは、ある国の通貨に対して**円安**要因となる。

2 金融政策と財政政策

⑥日本銀行は、景気後退局面においては、金融**緩和**政策を採用する。金融**緩和**政策には、金利の引下げなどがある。

⑦市中の通貨量が増加すると、金融緩和効果が生じ、国内短期金利の**下落**要因となる。また、**円安**要因となる。

⑧日本銀行による**買いオペレーション**とは、金融機関の保有する債券などを購入する金融政策であり、市中の資金量を増加させ、金利の低下を促す効果がある。

⑨日本銀行による**預金準備率の引下げ**とは、金融機関が日本銀行に預ける預金の割合を下げることであり、市中の資金量を増加させ、金利の低下を促す効果がある。

⑩財政政策とは、国や地方公共団体が行う政策の一種であり、**公共投資**や**減税**などがある。

目標2分 ○か×か？ 暗記確認ドリル

1 マーケットの理解

❏❏❏ インフレーションとは、一般に、物価が継続的に上昇し、それにつれて貨幣価値が下落することをいい、資金需要が高まるので金利は上昇する。デフレーションの場合には、物価が継続的に下落し、貨幣価値が上昇する。　☞① 答 ○

❏❏❏ 景気拡大局面においては、一般に、消費や設備投資が活発になり資金需要が増えるため、市中金利が下落しやすい。　☞② 答 ×

❏❏❏ 金利が上昇し、外国から資金が流入すると、一般に自国通貨高の原因となる。自国通貨が上昇すると、国内物価の下落要因となる。　☞③ 答 ○

❏❏❏ ある国からの輸入額の増加、ある国の通貨建て金融商品への投資額の増加は、ある国の通貨需要が増加するため、ある国の通貨に対して円安要因となる。　☞④ 答 ○

❏❏❏ 日本の物価上昇率が、ある国の物価上昇率よりも高くなることは、ある国の通貨に対して円安要因となる。　☞④ 答 ○

2 金融政策と財政政策

❏❏❏ 日本銀行は、景気後退局面においては、金融緩和政策を採用する。金融緩和政策には、金利の引下げなどがある。　☞⑥ 答 ○

❏❏❏ 市中の通貨量が増加すると、金融緩和効果が生じ、国内短期金利の下落要因となる。また、円安要因となる。　☞⑦ 答 ○

❏❏❏ 日本銀行による買いオペレーションとは、金融機関の保有する債券などを購入する金融政策であり、市中の資金量を増加させ、金利の上昇を促す効果がある。　☞⑧ 答 ×

❏❏❏ 日本銀行による預金準備率の引下げとは、金融機関が日本銀行に預ける預金の割合を下げることであり、市中の資金量を増加させ、金利の低下を促す効果がある。　☞⑨ 答 ○

❏❏❏ 財政政策とは、国や地方公共団体が行う政策の一種であり、公共投資や減税などがある。　☞⑩ 答 ○

過去問・予想問にチャレンジ（目標5分）

【問題】
わが国のマーケットの一般的な変動要因に関する次の記述のうち、最も不適切なものはどれか。
1．景気の拡張は、国内株価の上昇要因となる。
2．景気の後退は、国内物価の下落要因となる。
3．市中の通貨量の増加は、国内短期金利の上昇要因となる。
4．円高ドル安の進行は、国内物価の下落要因となる。

（学科 2016.1 問21）

【解説】
正解　3
1．適　切　景気の拡張は、一般的に国内株価の上昇要因となる。　⇨②
2．適　切　景気の後退は、一般的に国内株価の下落要因となる。　⇨②
3．不適切　市中の通貨量の増加は、金融緩和効果が生じ、国内短期金利の下落要因となる。　⇨⑦
4．適　切　円高ドル安の進行は、輸入品の価格下落原因となり、国内物価の下落要因となる。　⇨③

過去問・予想問にチャレンジ 〈目標5分〉

【問題】
為替相場の一般的な変動要因に関する次の記述のうち、最も不適切なものはどれか。
1．日本にとってA国からの輸入額が増えることは、A国通貨に対して円安要因となる。
2．日本の投資家によるB国通貨建て金融商品への投資額が増えることは、B国通貨に対して円安要因となる。
3．日本の物価上昇率がC国の物価上昇率よりも高くなることは、C国通貨に対して円安要因となる。
4．日本銀行が実施する売りオペレーションは、他国通貨に対して円安要因となる。

（学科 2014.9 問21）

【解説】
正解　4
1．適切　日本にとってA国からの輸入額が増えることは、A国通貨の需要が増加するため、A国通貨に対して円安要因となる。　⇨④
2．適切　日本の投資家によるB国通貨建て金融商品への投資額が増えることは、B国通貨の需要が増加するため、B国通貨に対して円安要因となる。　⇨④
3．適切　日本の物価上昇率がC国の物価上昇率よりも高くなることは、円の貨幣価値が下がるため、C国通貨に対して円安要因となる。　⇨⑤
4．不適切　日本銀行が実施する売りオペレーションは、市中の円が減少するため、他国通貨に対して円高要因となる。　⇨⑧③

3 金融市場・預金

目標5分 覚えるのはたったコレだけ!!

1 金融市場

①**短期金融市場**は、1年以内の短期資金を調達・運用する市場の総称である。**インターバンク市場**には、金融機関のみが参加し、コール市場や手形売買市場がある。また、**オープン市場**は金融機関以外も参加することができる。

②**長期金融市場**は、1年以上の資金を調達・運用する市場の総称である。債券市場・株式市場といった証券市場がこれに当たる。

2 預金

③単利で預けた場合の元利合計は（**元本×(1＋年利率×預入期間)**）で算出される。

④1年複利で預けた場合の元利合計は（**元本×(1＋年利率)^{年数}**）で算出される。

⑤ゆうちょ銀行の定額預金は、預け入れ**6ヶ月**後以降はペナルティなしで解約することができる。預入期間の最長は**10年**である。金利は**半年複利の固定金利**である。

⑥ゆうちょ銀行の定期預金は、いつでも解約することができるが、中途解約利率が適用される。預入期間は1ヶ月から5年までであり、期間によって金利が**単利**の場合と**半年複利**の場合がある。

⑦銀行のスーパー定期預金は、預入期間が**1ヵ月**以上**10年**以内が一般的である。いつでも解約することができるが、中途解約利率が適用される。店頭取引とインターネット取引で金利が異なることがある。また、単利型と半年複利型があるが、法人は半年複利型を利用できない。

⑧貯蓄預金は、貯蓄に特化した口座であり、**自動受取口座**や**自動支払口座**として利用することはできない。

⑨大口定期預金は、**預入時**の利率が満期まで適用される預金である。

目標2分 ○か×か？ 暗記確認ドリル

1 金融市場

☐☐☐ 短期金融市場は、1年以内の短期資金を調達・運用する市場の総称である。インターバンク市場には、金融機関のみが参加し、コール市場や手形売買市場がある。また、オープン市場は金融機関以外は参加することができない。　☞①答 ×

☐☐☐ 長期金融市場は、1年以上の資金を調達・運用する市場の総称である。債券市場・株式市場といった証券市場がこれに当たる。　☞②答 ○

2 預　金

☐☐☐ 単利で預けた場合の元利合計は（元本 ×（1 ＋年利率 × 預入期間））で算出される。　☞③答 ○

☐☐☐ 1年複利で預けた場合の元利合計は（元本 ×（1 ＋年利率）^{年数}）で算出される。　☞④答 ○

☐☐☐ ゆうちょ銀行の定額預金は、預け入れ6ヶ月後以降は解約手数料を支払うことにより、解約することができる。預入期間の最長は10年である。金利は半年複利の固定金利である。　☞⑤答 ×

☐☐☐ ゆうちょ銀行の定期預金は、いつでも解約することができるが、中途解約利率が適用される。預入期間は1ヶ月から5年までであり、期間によって金利が単利の場合と半年複利の場合がある。　☞⑥答 ○

☐☐☐ 銀行のスーパー定期預金は、預入期間が1ヵ月以上10年以内が一般的である。いつでも解約することができるが、中途解約利率が適用される。店頭取引とインターネット取引で金利が異なることがある。また、単利型と半年複利型があるが、法人は半年複利型を利用できない。　☞⑦答 ○

☐☐☐ 貯蓄預金は、自動受取口座や自動支払口座として利用することができる。　☞⑧答 ×

☐☐☐ 大口定期預金は、預入時の利率が満期まで適用される預金である。　☞⑨答 ○

・115・

目標5分 過去問・予想問にチャレンジ

【問 題】
銀行等の金融機関で取り扱う預金商品の一般的な商品性に関する次の記述のうち、最も適切なものはどれか。
1．貯蓄預金は、給与・年金などの自動受取口座や公共料金などの自動支払口座として利用することができる。
2．期日指定定期預金は、据置期間経過後から最長預入期日までの任意の日を満期日として指定することができる。
3．大口定期預金は、半年ごとに適用利率が変わる変動金利型の預金である。
4．スーパー定期預金は、同一の金融機関で、同一の預入期間であれば、店頭取引およびインターネット取引とも利率が同一とされている。

（学科 2016.1 問 22）

【解 説】　▶消去法

正解　2

1．不適切　貯蓄預金は、貯蓄に特化した口座であり、自動支払口座として利用することができない。　⇨⑧
2．適　切　期日指定定期預金は、据置期間経過後から最長預入期日（一般に1年以上3年以内）までの任意の日を満期日として指定することができる。
3．不適切　大口定期預金は、預入時の利率が満期まで適用される預金である。　⇨⑨
4．不適切　スーパー定期預金において、店頭取引の金利とインターネット取引の金利は異なることがある。　⇨⑦

目標5分 過去問・予想問にチャレンジ

【問題】
金融機関が取り扱う金融商品に関する次の記述のうち、最も不適切なものはどれか。
1. 「無利息」「要求払い」「決済サービスを提供できること」の3要件を満たす決済用預金は、預入額の全額が預金保険制度による保護の対象となる。
2. オプション取引などのデリバティブを組み込んだ仕組預金は、原則として、中途解約することができない。
3. スーパー定期預金には単利型と半年複利型があるが、個人は半年複利型を利用することができない。
4. 貯蓄預金は、公共料金などの自動支払口座や給与・年金などの自動受取口座として利用することはできない。

（学科 2015.5 問 22）

【解説】 ▶一発必中法

正解 3

1. 適切　決済用預金は、預入額の全額が預金保険制度による保護の対象となる。決済用預金の要件は、「無利息」「要求払い」「決済サービスを提供できること」の3要件である。これについては後述する。　⇨本編11課②
2. 適切　いわゆる仕組預金は、原則として、中途解約することができない。
3. 不適切　スーパー定期預金には単利型と半年複利型がある。半年複利型を利用することができるのは個人のみである。　⇨⑦
4. 適切　貯蓄預金は、貯蓄に特化した口座であり、自動支払口座として利用することができない。　⇨⑧

4 投資信託(1)

目標5分 覚えるのはたったコレだけ!!

1 投資信託の特徴・用語

①**目論見書**は、投資家が投資信託を購入する際にあらかじめまたは同時に交付される書面である。ファンドの基本情報、投資方針、投資リスク、手数料等および税金などが記載されており、投資信託説明書ともいう。

②**運用報告書**は、通常、投資信託の決算を迎えるごとに作成され、運用成績、期中の運用経過、今後の運用方針などを投資家に報告する書面である。

③**基準価額**は、投資信託一口当たりの価格をいい、一般に純資産総額を(残存)受益権口数で除して求める。

④投資信託においては、元本は**保証されない**。また、毎月分配型であっても、毎月の分配が**保証されるわけではない**。

⑤投資信託の基準価額は、運用実績などにより上下する。為替ヘッジなしの場合、**為替**相場の変動によっても上下する。また、為替ヘッジありの場合、**為替**変動による損失を回避することができるが、**為替**差益を享受することはできない。

⑥投資信託の純資産総額は、**基準価額**の変動のほか、**分配金**によっても変動する。

2 投資信託のコスト

⑦販売手数料は、購入時に販売会社に支払う手数料であり、**購入**時のコストである。

⑧信託報酬は、投資信託の保有期間中、その運用や管理の対価として信託財産から日々差し引かれる費用であり、**保有**時のコストである。

⑨信託財産留保額は、中途換金時に支払う手数料であり、**解約**時のコストである。

⑩**MMF**を取得日から30日未満で解約した場合は、信託財産留保額が差し引かれる。**MRF**にはこのようなペナルティーはない。

・118・

目標2分 ○か×か？ 暗記確認ドリル

1 投資信託の特徴・用語

☐☐☐ 目論見書は、投資家が投資信託を購入する際にあらかじめまたは同時に交付される書面である。ファンドの基本情報、投資方針、投資リスク、手数料等および税金などが記載されており、投資信託説明書ともいう。
☞ ① 答 ○

☐☐☐ 運用報告書は、通常、投資信託の決算を迎えるごとに作成され、運用成績、期中の運用経過、今後の運用方針などを投資家に報告する書面である。
☞ ② 答 ○

☐☐☐ 基準価額は、投資信託一口当たりの価格をいい、一般に純資産総額を（残存）受益権口数で除して求める。
☞ ③ 答 ○

☐☐☐ 投資信託においては、元本は保証されない。毎月分配型の場合、毎月の分配が保証される。
☞ ④ 答 ×

☐☐☐ 投資信託の基準価額は、運用実績などにより上下する。為替ヘッジなしの場合、為替相場の変動によっても上下する。また、為替ヘッジありの場合、為替変動による損失を回避することができるが、為替差益を享受することはできない。
☞ ⑤ 答 ○

☐☐☐ 投資信託の純資産総額は、基準価額の変動のほか、分配金によっても変動する。
☞ ⑥ 答 ○

2 投資信託のコスト

☐☐☐ 販売手数料は、購入時に販売会社に支払う手数料であり、保有時のコストである。
☞ ⑦ 答 ×

☐☐☐ 信託報酬は、投資信託の保有期間中、その運用や管理の対価として信託財産から日々差し引かれる費用であり、保有時のコストである。
☞ ⑧ 答 ○

☐☐☐ 信託財産留保額は、中途換金時に支払う手数料であり、購入時のコストである。
☞ ⑨ 答 ×

☐☐☐ MRFを取得日から30日未満で解約した場合は、信託財産留保額が差し引かれる。MMFにはこのようなペナルティーはない。
☞ ⑩ 答 ×

目標5分 **過去問・予想問にチャレンジ**

【問　題】
下記＜資料＞に関する次の記述のうち、最も適切なものはどれか。
＜資料＞

JVアセット マンスリー レポート	JVアセット・ハイイールドオープン （毎月分配型・為替ヘッジなし） 追加型投信／海外／債券	2014年4月30日 （月次改訂）

ファンドの目的・特徴
- 中長期的に、高水準のインカムゲインの確保と信託財産の成長を図ることを目的として積極的な運用を行います。
- 米国ドル建ての高利回り事業債を実質的な主要投資対象とします。
- （以下省略）

運用実績
運用実績の推移

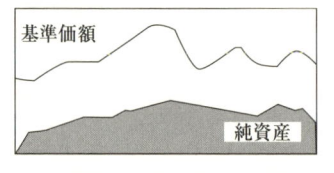

基準価額 （分配金控除後）	7,536円
前月比	▲13円
純資産総額	483.6億円

資産構成比：その他3%、事業債97%

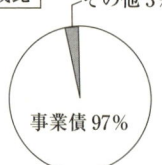

国別上位

アメリカ	97%
日本	3%

格付別組入状況（債券）

BBB／Baa	5.5%
BB／Ba	35.0%
B	51.0%
CCC／Caa	5.0%
格付なし	3.5%

分配金（1万口当たり、課税前）の推移（過去12ヵ月分の分配実績）

2013年5月	2013年6月	2013年7月	2013年8月	2013年9月	2013年10月
60円	60円	60円	60円	60円	60円

2013年11月	2013年12月	2014年1月	2014年2月	2014年3月	2014年4月
60円	60円	60円	60円	60円	60円

1／8

過去問・予想問にチャレンジ（目標5分）

1. この投資信託は毎月分配型であるため、どのような運用状況であっても、投資家には毎月必ず収益分配金が支払われる。
2. この投資信託の基準価額は、為替相場の変動により上下する。
3. この投資信託の運用目的は高水準のインカムゲインの確保であることから、元本が保証される。
4. この投資信託の純資産総額の増減の要因は、基準価額の変動のみである。

（実技 2014.5 問5）

【解　説】

正解　2

1. 不適切　毎月分配型であっても運用状況によっては分配金が支払われないことがある。　⇨④
2. 適　切　為替ヘッジなしなので、為替相場の変動により基準価額が上下することがある。　⇨⑤
3. 不適切　インカムゲインの確保を目的とする商品であっても元本が保証されるわけではない。　⇨④
4. 不適切　総資産総額は、基準価額の変動のほか、分配金によっても変動する。　⇨⑥

5 投資信託(2)

目標5分 覚えるのはたったコレだけ!!

1 投資信託の種類

① MRF、MMFともに、安全性が高い短期公社債などを運用対象としているが、**投資元本**は保証されていない。
② **ETF**は、証券取引所に上場されている投資信託である。株式同様に指値・成行などによる注文が可能である。
③ 公社債投資信託は、**公社債のみ**を対象として運用する投資信託であり、株式を組み入れることはできない。株式を組み入れる投資信託は**株式投資信託**である。
④ **追加型(オープン型)**は、いつでも購入でき、新規募集期間終了後は、時価に基づいた基準価額で購入できる。**単位型(ユニット型)**は、募集期間のみ購入できる。
⑤ **オープンエンド型**は、いつでも解約でき、**クローズドエンド型**は、中途解約できない。

2 運用のスタイル

⑥ **インデックス運用(パッシブ運用)**とは、日経平均株価やTOPIXといったベンチマークに連動した運用成果を目標とする運用スタイルをいう。
⑦ **アクティブ運用**とは、ベンチマークを上回る運用成果を目標とする運用スタイルをいう。
⑧ 経済全体の環境要因を分析し、業種別組入比率を決め、個別銘柄の選定を行う手法を**トップ・ダウンアプローチ**、個別企業の調査、分析から個別銘柄の選定を行う手法を**ボトムアップ・アプローチ**という。
⑨ **バリュー型運用**とは、企業の業績や財務内容等からみて株価が割安と判断される銘柄を選択する手法をいう。

目標2分 〇か×か？ 暗記確認ドリル

1 投資信託の種類

- ☐☐☐ MRF、MMFともに、安全性が高い短期公社債などを運用対象とし、投資元本は保証される。　☞①答 ✕
- ☐☐☐ ETFは、証券取引所に上場されている投資信託である。株式同様に指値・成行などによる注文をすることはできない。　☞②答 ✕
- ☐☐☐ 公社債投資信託は、公社債および株式を対象として運用する投資信託である。　☞③答 ✕
- ☐☐☐ 追加型（オープン型）は、いつでも購入でき、単位型（ユニット型）は、募集期間のみ購入できる。　☞④答 〇
- ☐☐☐ クローズドエンド型は、いつでも解約でき、オープンエンド型は、中途解約できない。　☞⑤答 ✕

2 運用のスタイル

- ☐☐☐ アクティブ運用とは、日経平均株価やTOPIXといったベンチマークに連動した運用成果を目標とする運用スタイルをいう。　☞⑥答 ✕
- ☐☐☐ インデックス運用とは、ベンチマークを上回る運用成果を目標とする運用スタイルをいう。　☞⑦答 ✕
- ☐☐☐ 経済全体の環境要因を分析し、業種別組入比率を決め、個別銘柄の選定を行う手法をトップ・ダウンアプローチ、個別企業の調査、分析から個別銘柄の選定を行う手法をボトムアップ・アプローチという。　☞⑧答 〇
- ☐☐☐ バリュー型運用とは、企業の業績や財務内容等からみて株価が割安と判断される銘柄を選択する手法をいう。　☞⑨答 〇

目標5分 過去問・予想問にチャレンジ

【問題】
下記<資料>の投資信託に関する次の記述のうち、最も適切なものはどれか。

<資料>

［新規募集時］
投資信託の種類：追加型投資信託／内外／債券
　　　　　　（Aコース／為替ヘッジあり　Bコース／為替ヘッジなし）
決算：年1回
申込価格：1口当たり1円
申込単位：1万口以上1口単位
購入時手数料（税込み）：購入金額1,000万円未満 3.24％
購入金額1,000万円以上 2.16％
運用管理費用（信託報酬）（税込み）：純資産額に対し年1.728％
信託財産留保額：1口につき解約請求日の翌営業日の基準価額に0.3％を乗じた額

1．新規募集時では購入口数1,000万口に対し、324,000円の購入時手数料が必要である。
2．売却時には、売却代金から運用管理費用（信託報酬）と信託財産留保額が差し引かれる。
3．為替差益を期待する場合には、Aコースを選択する方がよい。
4．新規募集期間終了後は、時価に基づいた基準価額で購入することができる。

（実技2015.9 問5）

目標5分 過去問・予想問にチャレンジ

【解 説】　　　　　　　　　　　　　　　　　　　▶一発必中法

正解　4

1．**不適切**　1,000万円「以上」の場合の購入時手数料は2.16％である。よって、1,000万円×2.16％＝216万円の購入時手数料が必要となる。

2．**不適切**　売却時に必要となるのは、信託財産留保額であり、信託報酬ではない。　　　　　　　　　　　　　　　　　　　　　　⇨本編4課⑨

3．**不適切**　為替ヘッジをした場合、為替変動による損失を回避することができるが、為替差益を享受することはできない。為替差益を期待するのであれば、Bコースを選択する必要がある。　　　　　　　　　⇨本編4課⑤

4．**適切**　追加型投資信託はいつでも購入することができる。新規募集期間終了後は、時価に基づいた基準価額で購入することができる。　⇨④

6 債券

目標5分 覚えるのはたったコレだけ!!

1 債券全般

①債券の発行価格は額面100円あたりの価格で表示され、100円で発行される場合を**パー**、100円超の場合を**オーバーパー**、100円未満の場合を**アンダーパー**という。

②割引債は利息の支払いがない代わりに、額面金額よりも**低い**金額で発行される。

③固定利付債の価格は、市場金利が上昇すると**下落**する。残存期間の長い債券の方が金利変動による価格変動が**大きい**。

④債券のリスクには、取引高が少ないことによる**流動性リスク**、デフォルトによる**信用リスク**などがある。信用リスクが高まると価格が**下落**する。

⑤高い信用格付がされた債券は低い格付の債券に比べ、債券価格が**高く**、利回りが**低い**。

2 国債

⑥個人向け国債は日本政府が発行し、**変動金利10年**、**固定金利5年**、**固定金利3年**の3種類がある。

⑦変動金利は、**半年**ごとに見直される。利払いは**半年**ごとに行われ、金利の下限は**0.05%**である。

⑧中途換金は**1**年経過後から可能である。ただし、直前**2**回分の利息相当額が差し引かれる。

3 利回りの求め方

⑨最終利回りは、**(表面利率＋(100円－購入価格)÷残存年数)÷購入価格×100**となる。

⑩所有期間利回りは、**(表面利率＋(売却価格－購入価格)÷所有年数)÷購入価格×100**となる。

目標2分 〇か×か？ 暗記確認ドリル

1 債券全般

☐☐☐ 債券の発行価格は額面100円あたりの価格で表示され、100円で発行される場合をパー、100円超の場合をアンダーパー、100円未満の場合をオーバーパーという。　☞①答 ×

☐☐☐ 割引債は利息の支払いがない代わりに、額面金額よりも低い金額で発行される。　☞②答 〇

☐☐☐ 固定利付債の価格は、市場金利が上昇すると上昇する。　☞③答 ×

☐☐☐ 債券のリスクには、取引高が少ないことによる流動性リスク、デフォルトによる信用リスクなどがある。信用リスクが高まると価格が下落する。　☞④答 〇

☐☐☐ 高い信用格付がされた債券は低い格付の債券に比べ、債券価格が高く、利回りが低い。　☞⑤答 〇

2 国債

☐☐☐ 個人向け国債には、変動金利10年、固定金利5年、固定金利3年の3種類がある。　☞⑥答 〇

☐☐☐ 変動金利は、半年ごとに見直される。利払いは半年ごとに行われ、金利の下限は0.05％である。　☞⑦答 〇

☐☐☐ 中途換金は1年経過後から可能である。ただし、直前3回分の利息相当額が差し引かれる。　☞⑧答 ×

3 利回りの求め方

☐☐☐ 最終利回りは、(表面利率＋(100円－購入価格)÷残存年数)÷購入価格×100となる。　☞⑨答 〇

☐☐☐ 所有期間利回りは、(表面利率＋(売却価格－購入価格)÷所有年数)÷購入価格×100となる。　☞⑩答 〇

目標5分 過去問・予想問にチャレンジ

【問題】

個人向け国債の概要を示した下記<資料>の空欄（ア）～（エ）に関する次の記述のうち、正しいものはどれか。

<資料>

償還期限	10年	5年	3年
発行体	（ ア ）		
利払い	（ イ ）ごとに1回		
金利タイプ	変動金利	（ ウ ）金利	固定金利
金利設定方法	基準金利×0.66%	基準金利－0.05%	基準金利－0.03%
金利の下限	（ エ ）%		
購入単位	1万円以上1万円単位		
中途換金	原則として発行後1年経過すれば可能 ただし、直前2回分の各利子（税引前）相当額×0.79685が差し引かれる		
発行月 （発行頻度）	毎月（年12回）		

1. 空欄（ア）にあてはまる語句は、「日本銀行」である。
2. 空欄（イ）にあてはまる語句は、「1年」である。
3. 空欄（ウ）にあてはまる語句は、「固定」である。
4. 空欄（エ）にあてはまる数値は、「0.01」である。

（実技2014.9 問3）

【解説】

正解　3

1. 不適切　国債の発行体は日本政府である。　⇨⑥
2. 不適切　利払いは半年ごとに行われる。　⇨⑦
3. 適切　5年ものの国債は固定金利である。　⇨⑥
4. 不適切　金利の下限は0.05%である。　⇨⑦

目標5分 過去問・予想問にチャレンジ

【問　題】

下記＜資料＞の債券を発行日から1年後に額面100万円分取得し、その後償還期限まで保有した場合における最終利回り（単利・年率）を計算しなさい。なお、手数料や税金等については考慮しないものとし、計算結果については小数点以下第4位を切り捨てること。

＜資料＞

表面利率：年1.0%
額面：100万円
買付価格：額面100円につき99.00円
発行価格：額面100円につき100.00円
償還までの残存年数：3年

（実技2014.9 問4）

【解　説】

正解　1.346%

最終利回りは、（表面利率＋（100円－購入価格）÷残存年数）÷購入価格×100で求められる。　⇨⑨

したがって、（1＋（100－99）÷3）÷99×100＝1.346　となり、1.346%が正解となる。

7 株式（1）

目標5分 覚えるのはたったコレだけ!!

1 株式全般

① 株主は、<u>議決権</u>、<u>剰余金（配当）分配請求権</u>、<u>残余財産分配請求権</u>を有する。配当は会社の業績等の要因により、支払われないことやその額が増減することがある。

② 上場株式の注文方法には、価格を指定する<u>指値注文</u>と指定しない<u>成行注文</u>がある。指値注文よりも成行注文が<u>優先</u>される。複数の買い指値注文があるときは価格が<u>高い方</u>が、売り指値注文があるときは価格が<u>安い方</u>が優先する（価格優先の原則）。同じ価格の場合には時間の<u>早い</u>注文が優先する（時間優先の原則）。1単元の約定代金は、<u>1単元の株式数 × 株価</u>で求められる。

③ 取引の決済は売買成立（約定）後、<u>約定日を含めて4営業日目</u>である。

④ 証券取引所を通じた株式取引において、株価が大幅に変動した場合、1日の値幅を所定の範囲内に制限する制度（<u>値幅制限</u>）がある。

2 代表的な指標

⑤ <u>日経平均株価（日経225）</u>は、東証一部に上場する代表的な225銘柄から構成され、増資や株式分割があっても指標としての連続性を保つように計算する株価指標である。<u>株価の高い銘柄（値がさ株）</u>の影響を受けやすい。

⑥ <u>TOPIX</u>は、東証一部に上場する全銘柄の時価総額の合計を評価し、基準日を100として指数化したものである。<u>時価総額の大きい銘柄</u>の影響を受けやすい。

目標2分 〇か×か？　暗記確認ドリル

1　株式全般

❏❏❏　株主は、議決権、剰余金（配当）分配請求権、残余財産分配請求権を有する。配当は会社の業績等の要因により、支払われないことやその額が増減することがある。　☞①答〇

❏❏❏　上場株式の注文方法には、価格を指定する指値注文と指定しない成行注文がある。指値注文よりも成行注文が優先される。複数の買い指値注文があるときは価格が高い方が、売り指値注文があるときは価格が安い方が優先する（価格優先の原則）。同じ価格の場合には時間の早い注文が優先する（時間優先の原則）。　☞②答〇

❏❏❏　取引の決済は売買成立（約定）後、約定日を含めて3営業日目である。　☞③答×

❏❏❏　証券取引所を通じた株式取引において、株価が大幅に変動した場合、1日の値幅を所定の範囲内に制限する制度（値幅制限）がある。　☞④答〇

2　代表的な指標

❏❏❏　日経平均株価（日経225）は、東証一部に上場する代表的な225銘柄から構成され、増資や株式分割があっても指標としての連続性を保つように計算する株価指標である。時価総額の大きい銘柄の影響を受けやすい。　☞⑤答×

❏❏❏　TOPIXは、東証一部に上場する全銘柄の時価総額の合計を評価し、基準日を100として指数化したものである。値がさ株の影響を受けやすい。　☞⑥答×

目標5分 過去問・予想問にチャレンジ

7 株式 (1)

【問題】
東京証券取引所に上場している株式会社ＳＣは、1月末日が決算日および配当金の基準日である。買い手がＳＣ社の2015年1月期の配当金を受け取る権利を得るためには、いつまでにＳＣ社株式を購入しておく必要があるか。なお、解答に当たっては、下記のカレンダーを使用すること。

2015年1月						
日	月	火	水	木	金	土
18	19	20	21	22	23	24
25	26	27	28	29	30	31

※ 権利確定日は1月30日である。

(2015.1 実技問5 改題)

【解説】
正解　**1月27日**

取引の決済は売買成立（約定）後（約定日を含めて）4営業日目である。そのため、1月30日に株主になるためには、27日までに株式を購入する必要がある。

⇨③

目標5分 過去問・予想問にチャレンジ

【問題】
下記<資料>に関する次の記述について、正しいものには○、誤っているものには×を解答欄に記入しなさい。

（ア）「X社」と「Y社」の株式を、それぞれ終値で1単元ずつ購入する場合、約定代金は「X社」の方が高い。

（イ）「Z社」の株価について、年初来の最高値は2,200円である。

（資料）

銘柄	始値	高値	安値	終値	前日比
X社	290	295	285	290	△5
Ⓐ Y社	350	355	345	352	△2
Ⓐ Z社	2100	**2200**	2100	2200	△100

株式欄の見方
【株価】円。
【売買単位】Ⓐ 100株（100口）。無印は1,000株（1,000口）
（注）白抜き数字は年初来の最高値または最安値。

（予想問題）

【解説】
正解　（ア）○　（イ）○

（ア）資料から売買単位と終値を読み取り、乗じれば代金が求められる。　⇨②
X社は無印のため1,000株を1単元として売買する。終値が290円のため、1単元の購入には、290円×1,000株＝290,000円必要である。Y社はⒶのため100株を1単元として売買する。終値が352円のため、1単元の購入には、352円×100株＝35,200円必要である。

（イ）資料（注）のとおり、高値が白抜き数字であれば年初来の最高値である。Z社の高値は白抜きになっており、年初来の最高値を意味する。したがって、2,200円が年初来最高値である。

8 株式 (2)

目標5分 覚えるのはたったコレだけ!!

1 株価の評価

① PER（株価収益率）とは、現在の株価を <u>1株当たり純利益</u> で除して（割って）求められる指標をいう。

② PBR（株価純資産倍率）とは、現在の株価を <u>1株当たり純資産</u> で除して求められる指標をいう。

③ ROE（自己資本利益率）とは、純利益を <u>自己資本</u> で除して求められる指標をいう。

④ ROA（総資本利益率）とは、純利益を <u>総資本</u> で除して求められる指標をいう。

⑤ 配当利回りとは、<u>1株あたり年間配当金</u> を株価で除して求められる指標をいう。

⑥ 配当性向とは、<u>年間配当金</u> を純利益で除して求められる指標をいう。

2 NISA

⑦ NISA口座に受け入れた上場株式、公募株式投資信託等の配当金等や譲渡益については、最長 <u>5年間</u>、非課税とされる。

⑧ NISA口座に受け入れることができる上場株式等は、1人当たり <u>年間120万</u> 円が限度となる。

⑨ NISA口座は、1人当たり <u>年間1口座</u> ずつ開設することができる。

⑩ NISA口座で保有する上場株式や公募株式投資信託等の <u>譲渡損失</u> については、他の上場株式等の配当金等や譲渡益と通算することができない。

⑪ 20歳未満の子どもについてはジュニアNISA口座を利用できる。年間 <u>80万</u> 円までの投資について、最長 <u>5年間</u>、非課税とされる。NISA口座と異なり、<u>金融機関の変更</u> はできない。

・134・

目標2分 ○か×か？ 暗記確認ドリル

1 株価の評価

- PBR（株価純資産倍率）とは、現在の株価を1株当たり純利益で除して（割って）求められる指標をいう。　☞①答×
- PER（株価収益率）とは、現在の株価を1株当たり純資産で除して求められる指標をいう。　☞②答×
- ROE（自己資本利益率）とは、純利益を自己資本で除して求められる指標をいう。　☞③答○
- ROA（総資本利益率）とは、純利益を総資本で除して求められる指標をいう。　☞④答○
- 配当利回りとは、1株あたり年間配当金を株価で除して求められる指標をいう。　☞⑤答○
- 配当性向とは、年間配当金を純利益で除して求められる指標をいう。　☞⑥答○

2 NISA

- NISA口座に受け入れた上場株式、公募株式投資信託等の配当金等や譲渡益については、最長3年間、非課税とされる。　☞⑦答×
- NISA口座に受け入れることができる上場株式等は、1人当たり年間100万円が限度となる。　☞⑧答×
- NISA口座は、銀行と証券会社それぞれに、1人当たり年間1口座ずつ開設することができる。　☞⑨答×
- NISA口座で保有する上場株式等の譲渡損失については、他の上場株式等の配当金等や譲渡益と通算することができない。　☞⑩答○
- 20歳未満の子どもについてはジュニアNISA口座を利用できる。年間80万円までの投資について、最長5年間、非課税とされる。NISA口座同様、金融機関の変更をすることができる。　☞⑪答×

目標5分 過去問・予想問にチャレンジ

8 株式 (2)

【問題】

下記＜資料＞について、この企業の株価が3,740円である場合の次の記述の空欄（ア）、（イ）にあてはまる数値の組み合わせとして、正しいものはどれか。なお、解答に当たっては、小数点以下第3位を四捨五入すること。

＜資料＞

```
          平成26年12月期  決算短信〔米国基準〕（連結）        平成27年1月28日
上場会社名    MZ株式会社                                    上場取引所  東名札福
コード番号         URL  http://www.xxx.xx.jp
代表者  （役職名）代表取締役社長  （氏名）●●●●
問合せ先責任者（役職名）連結経理部長  （氏名）●●●●         TEL 03-XXX-XXXX
       （省略）
1．平成26年12月期の連結業績（平成26年1月1日～平成26年12月31日）
(1) 連結経営成績                            （百万円単位未満四捨五入）（％表示は対前期増減率）
```

	売上高		営業利益		税引前当期純利益		当社株主に帰属する当期純利益	
	百万円	％	百万円	％	百万円	％	百万円	％
26年12月期	3,727,252	△0.1	363,489	7.8	383,239	10.3	254,797	10.5
25年12月期	3,731,380	7.2	337,277	4.1	347,604	1.5	230,483	2.6

（注）当期包括利益 26年12月期 373,417百万円（△29.9％）25年12月期 532,429百万円（51.4％）

	1株当たり当社株主に帰属する当期純利益	希薄化後1株当たり当社株主に帰属する当期純利益	株主資本当社株主に帰属する当期純利益	総資産税引前当期純利益率	売上高営業利益率
	円 銭	円 銭	％	％	％
26年12月期	229.03	229.03	8.7	8.8	9.8
25年12月期	200.78	200.78	8.4	8.5	9.0

（参考）持分法投資損益 26年12月期 478百万円 25年12月期 △664百万円

(2) 連結財政状態   （百万円単位未満四捨五入）

	総資産	資本合計（純資産）	株主資本	株主資本比率	1株当たり株主資本
	百万円	百万円	百万円	％	円 銭
26年12月期	4,160,618	3,140,758	2,978,184	66.8	2,727.69
25年12月期	4,242,710	3,066,777	2,910,262	68.6	2,559.60

(3) 連結キャッシュ・フローの状況　（省略）
2．配当の状況　（省略）
3．平成27年12月期の連結業績予想（平成27年1月1日～平成27年12月31日）
（百万円単位未満四捨五入）（％表示は、通期は対前期、四半期は対前年同四半期増減率）

	売上高		営業利益		税引前当期純利益		当社株主に帰属する当期純利益		1株当たり当社株主に帰属する当期純利益
	百万円	％	百万円	％	百万円	％	百万円	％	円 銭
第2四半期（累計）									
通期	3,900,000	4.6	380,000	4.5	390,000	1.8	260,000	2.0	238.13

（注）第2四半期連結累計期間の業績予想は行っておりません。

（出所：TDnet適時開示情報を基に作成）

目標5分 過去問・予想問にチャレンジ

- 平成26年12月期末の株主資本を用いたＰＢＲ（株価純資産倍率）は（ア）倍である。
- 平成27年12月期の連結業績予想におけるＰＥＲ（株価収益率）は（イ）倍である。
1．（ア）1.26　（イ）15.71
2．（ア）1.37　（イ）15.71
3．（ア）1.26　（イ）16.33
4．（ア）1.37　（イ）16.33

（実技2015.9 問3）

【解　説】

正解　2

（ア）ＰＢＲは、株価÷1株あたり純資産（株主資本）で求められる。　⇨②
　　　3,740÷2,727.69＝1.37
（イ）ＰＥＲは、株価÷1株あたり当期純利益で求められる。　⇨①
　　　3,740÷238.13＝15.71

9 外貨建て商品・デリバティブ、ポートフォリオ運用

目標5分 覚えるのはたったコレだけ!!

1 外貨建て商品

①**外貨建てMMF**は、いつでもペナルティーを支払うことなく換金することができる。

②顧客が円を外貨に替える際に適用される為替レートは、**TTS**である。逆に顧客が外貨を円に替えるときに適用される為替レートは、**TTB**である。

③外国債券のうち、非居住者により日本国内で発行される円建て債券を**サムライ債**、非居住者が日本国内で発行する外貨建て債券を**ショーグン債**という。

2 デリバティブ、ポートフォリオ運用

④オプション取引は、将来の一定時期に、一定価格で取引する権利を売買する取引である。買う権利を**コール**・オプション、売る権利を**プット**・オプションという。

⑤**先物取引**は、将来の一定時期に、一定価格で取引することを約束する取引である。

⑥**スワップ取引**は、同じ価値のキャッシュ・フローを交換する取引であり、固定金利と変動金利の交換、円と外貨の交換などがある。

⑦**ポートフォリオ運用**とは、性質の異なる商品に投資することによって、リスクを低減する運用をいう。

⑧複数の商品の相関係数が**−1**の場合、値動きが逆となりリスクを低減する効果が最も大きく、**1**の場合、値動きが等しくなり、リスクを低減する効果が乏しい。**0**の場合、値動きに相関関係がないことになる。

目標2分 〇か×か？ 暗記確認ドリル

1 外貨建て商品

☐☐☐ 外貨建てMMFは、いつでもペナルティーを支払うことなく換金することができる。　☞①答〇

☐☐☐ 顧客が円を外貨に替える際に適用される為替レートは、TTSである。逆に顧客が外貨を円に替えるときに適用される為替レートは、TTBである。　☞②答〇

☐☐☐ 外国債券のうち、非居住者により日本国内で発行される円建て債券をショーグン債、非居住者が日本国内で発行する外貨建て債券をサムライ債という。　☞③答×

2 デリバティブ、ポートフォリオ運用

☐☐☐ オプション取引は、将来の一定時期に、一定価格で取引する権利を売買する取引である。買う権利をプット・オプション、売る権利をコール・オプションという。　☞④答×

☐☐☐ 先物取引は、将来の一定時期に、一定価格で取引することを約束する取引である。　☞⑤答〇

☐☐☐ スワップ取引は、同じ価値のキャッシュ・フローを交換する取引である。　☞⑥答〇

☐☐☐ ポートフォリオ運用とは、性質の異なる商品に投資することによって、リスクを低減する運用をいう。　☞⑦答〇

☐☐☐ 複数の商品の相関係数が－1の場合、値動きが逆となりリスクを低減する効果が最も大きく、1の場合、値動きが等しくなり、リスクを低減する効果が乏しい。0の場合、値動きに相関関係がないことになる。　☞⑧答〇

目標5分 過去問・予想問にチャレンジ

【問題】

下記<資料>に基づく外貨預金に関する次の記述の空欄（ア）、（イ）にあてはまる語句の組み合わせとして、正しいものはどれか。なお、為替差益および為替差損に対する税金は考慮しないものとする。また、利息に対しては、各通貨建てにおける利息額の20％相当額が、所得税等として源泉徴収されるものとする。

<資料>

[預金時および満期時の外国為替相場一覧表]（単位：円）

預金時	TTS	TTB	満期時	TTS	TTB
米ドル	125.00	123.00	米ドル	128.00	126.00
ユーロ	140.00	137.00	ユーロ	143.00	140.00
トルコリラ	50.00	45.00	トルコリラ	53.00	48.00

[外貨預金金利]

	米ドル	ユーロ	トルコリラ
定期預金（1年）	0.3％	0.3％	5.0％

- ユーロ定期預金（1年）に10,000ユーロ預け入れる場合、必要な資金は（ア）である。
- 米ドル定期預金（1年）とトルコリラ定期預金（1年）に、それぞれ100万円の範囲内（整数単位で可能な範囲）の預入れを行った場合、満期時の外貨ベースの元利合計額を円転した金額が多くなるのは（イ）定期預金（1年）である。

1．（ア）137万円　（イ）米ドル
2．（ア）137万円　（イ）トルコリラ
3．（ア）140万円　（イ）米ドル
4．（ア）140万円　（イ）トルコリラ

（実技2016.1 問5）

目標5分 過去問・予想問にチャレンジ

【解 説】

正解　3

(ア) 外貨建ての預金を行う場合の為替レートは TTS を使用する。10,000 ユーロの定期預金を行うのであるから、10,000×140.00 = 140 万円必要となる。
⇨②

(イ) 100 万円をそれぞれ、米ドルとトルコリラにする場合、TTS を使用して換算する。すると 100 万円÷125.00 = 8,000 米ドル、100 万円÷50.00 = 20,000 トルコリラとなる。
⇨②

そして、1 年後にはそれぞれの金利が発生している。ただし、金利の 20％相当分が源泉徴収される。したがって、8,000 米ドル×(1 + (0.003×0.8)) = 8,019.2 米ドル、20,000 トルコリラ×(1 + (0.05×0.8)) = 20,800 トルコリラとなる。

最後にこれらを円に戻す際には TTB を使用して換算する。米ドルについては、8,019.2×126 = 1,010,419 円、トルコリラについては、20,800×48 = 998,400 円となり、米ドル定期預金の方が円転した金額が高くなる。

10 金融商品と税金

目標5分 覚えるのはたったコレだけ!!

1 金融商品と税金

①預貯金の利子は**利子所得**として20%（所得税15%、住民税5%）の源泉分離課税となる。

②公社債投資信託の収益分配金は**利子所得**として20%（所得税15%、住民税5%）の申告分離課税（または申告不要）となる。譲渡益・解約益・償還益は**譲渡所得**として20%（所得税15%、住民税5%）の申告分離課税となる。

③株式投資信託の収益分配金のうち、**普通分配金**は配当所得として所得税・住民税が課税される。普通分配金を除いた部分である**元本払戻金（特別分配金）**は、実質的に元本の払戻しにすぎないため、非課税となる。元本払戻金が支払われると、その分、元本が切り下がる。

④特定公社債等の利子は**利子所得**として20%（所得税15%、住民税5%）の申告分離課税（または申告不要）となる。譲渡益は、**譲渡所得**として20%（所得税15%、住民税5%）の申告分離課税となる。

⑤株式の売却益、配当金の税率は**20%**（所得税15%、住民税5%）である。源泉徴収ありの特定口座を選択した場合、源泉徴収される。その他の場合には、確定申告を行い納付する必要がある。

⑥外貨建てMMFの収益分配金および為替差益は**20%**（所得税15%、住民税5%）の**申告分離課税**となる。

⑦不動産投資信託（J-REIT）の分配金は、**配当所得**となる。

目標2分 ○か×か？ 暗記確認ドリル

1 金融商品と税金

☐☐☐ 預貯金の利子は利子所得として20％（所得税15％、住民税5％）の源泉分離課税となる。　☞①答○

☐☐☐ 公社債投資信託の収益分配金は利子所得として20％（所得税15％、住民税5％）の申告分離課税（または申告不要）となる。譲渡益・解約益・償還益は非課税である。　☞②答×

☐☐☐ 株式投資信託の収益分配金のうち、普通分配金は配当所得として所得税・住民税が課税される。普通分配金を除いた部分である元本払戻金（特別分配金）は、実質的に元本の払戻しにすぎないため、非課税となる。
　☞③答○

☐☐☐ 特定公社債等の譲渡益は、譲渡所得として20％（所得税15％、住民税5％）の申告分離課税となる。　☞④答○

☐☐☐ 株式の売却益、配当金の税率は20％（所得税15％、住民税5％）である。源泉徴収ありの特定口座を選択した場合、源泉徴収される。その他の場合には、確定申告を行い納付する必要がある。　☞⑤答○

☐☐☐ 外貨建てMMFの収益分配金および為替差益は20％（所得税15％、住民税5％）の源泉分離課税となる。　☞⑥答×

☐☐☐ 不動産投資信託（J-REIT）の分配金は、不動産所得となる。　☞⑦答×

目標5分 過去問・予想問にチャレンジ

【問　題】

羽田さんは、課税口座で保有しているＷＳ投資信託（追加型国内公募株式投資信託）の収益分配金を平成27年12月に受け取った。ＷＳ投資信託の状況が下記＜資料＞のとおりである場合、次の記述の空欄（ア）～（ウ）にあてはまる語句または数値の組み合わせとして、正しいものはどれか。なお、羽田さんはこれまでに収益分配金を受け取ったことはないものとする。

＜資料＞

［羽田さんが保有するＷＳ投資信託の収益分配金受取時の状況］
- 収益分配前の個別元本：16,520円
- 収益分配前の基準価額：16,860円
- 収益分配金：500円
- 収益分配後の基準価額：16,360円

羽田さんが受け取った収益分配金のうち、収益分配前の基準価額から収益分配前の個別元本を差し引いた部分を（ア）といい、所得税および住民税が課税される。一方、羽田さんが受け取った収益分配金のうち、（ア）を除く部分を（イ）といい、非課税となる。

羽田さんには（イ）が支払われたため、収益分配後の個別元本は（ウ）円となる。

1. （ア）元本払戻金（特別分配金）　（イ）普通分配金　（ウ）16,520
2. （ア）元本払戻金（特別分配金）　（イ）普通分配金　（ウ）16,360
3. （ア）普通分配金　（イ）元本払戻金（特別分配金）　（ウ）16,520
4. （ア）普通分配金　（イ）元本払戻金（特別分配金）　（ウ）16,360

（実技 2016.1 問6）

目標5分 過去問・予想問にチャレンジ

【解 説】

正解　4

(ア) 個別元本を超える部分の分配金を普通分配金という。普通分配金については、配当所得として所得税・住民税が課税される。　⇨③
(イ) 普通分配金を除く部分を元本払戻金（特別分配金）という。元本払戻金は実質的には元本の払い戻しにすぎないため非課税となる。　⇨③
(ウ) 元本払戻金が支払われた場合には、元本が切り下げられるので、ＷＳ投資信託の個別元本は16,360円となる。　⇨③

11 セーフティーネット・金融取引に関する法律

目標5分 覚えるのはたったコレだけ!!

1 セーフティーネット

① 利息のつく普通預金や定期預金等は、預金者1人当たり、1金融機関ごとに合算して**元本1,000万円**までと**その利息等**が預金保険制度により保護される。

② **無利息・要求払い・決済サービス**を提供できる、という3つの条件を満たす決済用預金は、その全額が預金保険制度により保護される。

③ **外国銀行**（日本国内の支店を含む）の預金、**外貨預金**、譲渡性預金、元本補塡契約のない金銭信託は、預金保険制度により保護されない。

④ 日本投資者保護基金は、金融商品取引業者が経営破綻等により、顧客から預託を受けていた有価証券・金銭の返還が困難となった場合、一般顧客1人につき**1,000万円**を上限に金銭による補償を行う。

2 金融取引に関する法律

⑤ 金融商品販売法の対象には、預貯金、保険、有価証券などが含まれる。国内の**商品先物取引**は含まれない。

⑥ 金融商品取引法による**適合性の原則**により、金融商品取引業者等は、顧客の知識、経験、財産の状況および金融商品取引契約を締結する目的に照らして、不適当な勧誘を行ってはならない。

⑦ 消費者契約法により、消費者が事業者によって事実と異なることを告げられたことなどを理由に誤認をし、契約の申込みまたは承諾をした場合には、契約を**取り消す**ことができる。

⑧ 消費者契約法における時効の時期については、消費者が誤認等に気づいた時から**6ヶ月**、もしくは、契約締結の時から**5年**を経過した時と定められている。

目標2分 ○か×か？　暗記確認ドリル

1　セーフティーネット

☐☐☐　利息のつく普通預金や定期預金等は、預金者1人当たり、1金融機関ごとに合算して元本 1,000 万円のみが預金保険制度により保護される。
☞①答 ✕

☐☐☐　無利息・要求払い・決済サービスを提供できる、という3つの条件を満たす決済用預金は、その全額が預金保険制度により保護される。
☞②答 ○

☐☐☐　外国銀行（日本国内の支店を含む）の預金、外貨預金、譲渡性預金、元本補填契約のない金銭信託は、預金保険制度により保護されない。
☞③答 ○

☐☐☐　日本投資者保護基金は、金融商品取引業者が経営破綻等により、顧客から預託を受けていた有価証券・金銭の返還が困難となった場合、一般顧客1人につき 500 万円を上限に金銭による補償を行う。　☞④答 ✕

2　金融取引に関する法律

☐☐☐　金融商品販売法の対象には、預貯金、保険、有価証券、国内の商品先物取引などが含まれる。　☞⑤答 ✕

☐☐☐　金融商品取引法による適合性の原則により、金融商品取引業者等は、顧客の知識、経験、財産の状況および金融商品取引契約を締結する目的に照らして、不適当な勧誘を行ってはならない。　☞⑥答 ○

☐☐☐　消費者契約法により、消費者が事業者によって事実と異なることを告げられたことなどを理由に誤認をし、契約の申込みまたは承諾をした場合には、契約を取り消すことができる。　☞⑦答 ○

☐☐☐　消費者契約法における時効の時期については、消費者が誤認等に気づいた時から6ヶ月、もしくは、契約締結の時から1年を経過した時と定められている。　☞⑧答 ✕

目標5分 過去問・予想問にチャレンジ

11 セーフティーネット・金融取引に関する法律

【問題】
下記＜資料＞は、物品販売業（工藤商店）を営む自営業者の工藤和男さんおよび工藤商店のＳＤ銀行における金融資産（時価）の一覧である。仮に平成27年6月にＳＤ銀行（日本国内にある普通銀行）が破綻した場合、和男さんおよび工藤商店がＳＤ銀行に保有している金融資産のうち、預金保険制度によって保護される金額の上限額として、正しいものはどれか。なお、預金利息については考慮しないこととする。また、和男さんおよび工藤商店はＳＤ銀行からの借入れはないものとする。

＜資料＞

```
［和男さん名義］
普通預金：60万円（決済用預金ではない）
定期預金：250万円
外貨預金：300万円
［工藤商店名義］
当座預金：120万円
定期預金：340万円
```

1．310万円
2．430万円
3．770万円
4．1,000万円

（2015.5 実技問36）

【解説】
正解　3

外国銀行の預金、外貨預金、譲渡性預金、元本補填契約のない金銭信託は、預金保険制度により保護されない。　⇨③
よって、外貨預金の300万円以外は保護の対象である。
したがって、60万円＋250万円＋120万円＋340万円＝770万円が、保護の対象となる。

目標5分 過去問・予想問にチャレンジ

【問　題】
「消費者契約法」に関する次の記述の空欄（ア）、（イ）にあてはまる語句の組み合わせとして、正しいものはどれか。
- 金融商品販売業者が、不適切な説明を行ったことにより、消費者が誤認して契約をした場合、その契約は（ア）と定められている。
- 消費者契約法における時効の時期については、消費者が誤認等に気付いた時から6ヵ月、もしくは、契約締結の時から（イ）を経過したときと定められている。

1．（ア）取り消すことができる　（イ）1年
2．（ア）取り消すことができる　（イ）5年
3．（ア）無効である　　　　　　（イ）1年
4．（ア）無効である　　　　　　（イ）5年

(2016.1 実技問 2)

【解　説】
正解　**2**

（ア）金融商品販売業者が、不適切な説明を行ったことにより、消費者が誤認して契約をした場合、その契約は取り消すことができる。当然に無効ではない。　⇨⑦

（イ）消費者契約法における時効の時期については、消費者が誤認等に気付いた時から6ヵ月、もしくは、契約締結の時から5年を経過したときである。　⇨⑧

第4編

タックスプランニング

1 税金の種類と所得税の基礎知識

目標5分 覚えるのはたったコレだけ!!

1 所得税の基礎知識

①所得税は、国税で**申告納税**方式である。
②所得税の計算期間は、原則として**1**月**1**日から**12**月**31**日までの**一暦年**である。
③所得税では、課税対象となる所得を10種類に区分し、それぞれの所得の種類ごとに定められた計算方法により所得の金額を計算する。
④復興特別所得税は、その年分の所得税率に2.1%を**乗じた**率で計算される。

2 総合課税と分離課税

⑤利子所得は、国債等の債券、預貯金利子、公社債投信の収益分配金などの所得である。
⑥配当所得は、株式の配当金、株式投資信託の収益分配金などの所得である。
⑦不動産所得は、不動産の**貸付け**から生じる所得などで**総合**課税である。
⑧事業所得は、事業から生じる所得で**総合**課税である。
⑨給与所得は、給与、賞与などの所得、会社員が勤務先から無利息で金銭を借り入れたことによる経済的利益がこれに当たり、**総合**課税である。
⑩退職所得は、退職によって受ける所得で**分離**課税である。
⑪総合譲渡所得は、土地・建物以外の資産を売却したことによる所得で**総合**課税である。
⑫分離譲渡所得は、土地・建物を売却したことによる所得で**分離**課税である。
⑬一時所得は、賞金や満期保険金などの一時的な所得で**総合**課税である。ただし、宝くじの賞金は非課税である。
⑭雑所得は、公的年金や私的年金、他のどの所得にも属さない所得で**総合**課税である。

目標2分 ○か×か？ 暗記確認ドリル

1 所得税の基礎知識

☐☐☐ 所得税は、国税で賦課課税方式である。　☞①答 ×

☐☐☐ 所得税の計算期間は、原則として4月1日から3月31日までの1年間である。　☞②答 ×

☐☐☐ 所得税では、課税対象となる所得を10種類に区分し、それぞれの所得の種類ごとに定められた計算方法により所得の金額を計算する。　☞③答 ○

☐☐☐ 復興特別所得税は、その年分の所得税率に2.1%を加えた率で計算される。　☞④答 ×

2 総合課税と分離課税

☐☐☐ 利子所得は、国債等の債券、預貯金利子、公社債投信の収益分配金などの所得である。　☞⑤答 ○

☐☐☐ 配当所得は、株式の配当金、株式投資信託の収益分配金などの所得である。　☞⑥答 ○

☐☐☐ 不動産所得は、不動産の売却から生じる所得などで総合課税である。　☞⑦答 ×

☐☐☐ 事業所得は、事業から生じる所得で総合課税である。　☞⑧答 ○

☐☐☐ 給与所得は、給与や賞与などの所得で総合課税である。　☞⑨答 ○

☐☐☐ 退職所得は、退職によって受ける所得で総合課税である。　☞⑩答 ×

☐☐☐ 総合譲渡所得は、土地・建物を売却したことによる所得で総合課税である。　☞⑪答 ×

☐☐☐ 分離譲渡所得は、土地・建物以外の資産を売却したことによる所得で分離課税である。　☞⑫答 ×

☐☐☐ 一時所得は、賞金や満期保険金などの一時的な所得で総合課税である。ただし、宝くじの賞金は非課税である。　☞⑬答 ○

☐☐☐ 雑所得は、公的年金や私的年金、他のどの所得にも属さない所得で総合課税である。　☞⑭答 ○

目標5分 過去問・予想問にチャレンジ

【問題】
所得税の各種所得に関する次の記述のうち、最も適切なものはどれか。
1．個人向け国債の利子を受け取ったことによる所得は、配当所得となる。
2．会社員が勤務先から無利息で金銭を借り入れたことによる経済的利益は、雑所得となる。
3．老齢厚生年金を受給したことによる所得は、一時所得となる。
4．専業主婦が金地金を売却したことによる所得は、譲渡所得となる。

（学科 2016.1 問 31）

【解説】
正解　4
1．不適切　個人向け国債の利子を受け取ったことによる所得は、利子所得となる。 ⇨⑤
2．不適切　会社員が勤務先から無利息で金銭を借り入れたことによる経済的利益は、給与所得となる。 ⇨⑨
3．不適切　老齢厚生年金を受給したことによる所得は、雑所得となる。 ⇨⑭
4．適切　金地金を売却したことによる所得は、譲渡所得として総合課税される。 ⇨⑪

過去問・予想問にチャレンジ（目標5分）

【問　題】
所得税に関する次の記述のうち、最も不適切なものはどれか。
1．勤務する会社からの給与の受給に係る給与所得は、総合課税の対象となる。
2．定年退職に伴う退職金の受給に係る退職所得は、分離課税の対象となる。
3．事業用車両の売却に係る譲渡所得は、分離課税の対象となる。
4．老齢基礎年金の受給に係る雑所得は、総合課税の対象となる。

（学科 2015.1 問31）

【解　説】
正解　3
1．適 切　給与所得は、給与や賞与などの所得で総合課税である。　⇨⑨
2．適 切　退職所得は、退職によって受ける所得で分離課税である。　⇨⑩
3．不適切　土地・建物以外の資産を売却したことによる所得は、総合譲渡所得で総合課税の対象となる。　⇨⑪
4．適 切　雑所得は、公的年金や私的年金、他のどの所得にも属さない所得で総合課税である。　⇨⑭

2 青色申告

目標5分 覚えるのはたったコレだけ!!

1 青色申告の全体像

①青色申告を適用できる所得は、**不動産**所得、**事業**所得、**山林**所得のみである。
②青色申告を適用したい場合、適用したい年の**3**月**15**日までに青色申告承認申請書を税務署に提出する必要がある。1月16日以後に新規開業する場合には、開業日から**2か月**以内に提出する必要がある。
③青色申告者は、帳簿書類を備え付け、取引の記録をし、**7年間**保存をしなければならない。
④青色申告者は、原則として、確定申告書に貸借対照表や損益計算書等を添付しなければならない。

2 青色申告の特典

⑤「青色事業専従者給与に関する届出書」を提出し、青色事業専従者に実際に給与を支給した場合、その届出額を必要経費に算入することができる。
⑥事業的規模の不動産所得や事業所得があり、貸借対照表や損益計算書を添付して期限内に申告した青色申告者は、所得から青色申告特別控除として所得から最大で**65万円**を控除することができる。
⑦事業的規模でない不動産所得等の場合の青色申告特別控除額は、最大で**10万円**である。
⑧青色申告者は、純損失が生じた場合、その金額を翌年以降**3年間**繰越控除することができる。
⑨前年も青色申告をしている青色申告者に純損失が生じた場合、損失額を前年の所得から控除し、既に納付した前年の所得税の還付を受けることができる。

目標2分 〇か×か？　暗記確認ドリル

1　青色申告の全体像

☐☐☐ 青色申告を適用できる所得は、不動産所得、事業所得、山林所得、譲渡所得のみである。　☞①答✕

☐☐☐ 青色申告を適用したい場合、適用したい年の3月15日までに青色申告承認申請書を税務署に提出する必要がある。1月16日以後に新規開業する場合には、開業日から2か月以内に提出する必要がある。　☞②答〇

☐☐☐ 青色申告者は、帳簿書類を備え付け、取引の記録をし、5年間保存をしなければならない。　☞③答✕

☐☐☐ 青色申告者は、原則として、確定申告書に貸借対照表や損益計算書等を添付しなければならない。　☞④答〇

2　青色申告の特典

☐☐☐ 「青色事業専従者給与に関する届出書」を提出し、青色事業専従者に実際に給与を支給した場合、その届出額を必要経費に算入することができる。　☞⑤答〇

☐☐☐ 事業的規模の不動産所得や事業所得があり、貸借対照表や損益計算書を添付して期限内に申告した青色申告者は、所得から青色申告特別控除として所得から最大で63万円を控除することができる。　☞⑥答✕

☐☐☐ 事業的規模でない不動産所得等の場合の青色申告特別控除額は、最大で10万円である。　☞⑦答〇

☐☐☐ 青色申告者は、純損失が生じた場合、その金額を翌年以降5年間繰越控除することができる。　☞⑧答✕

☐☐☐ 前年も青色申告をしている青色申告者に純損失が生じた場合、損失額を前年の所得から控除し、既に納付した前年の所得税の還付を受けることができる。　☞⑨答〇

目標5分 過去問・予想問にチャレンジ

【問題】

会社員の平尾浩司さんは、賃貸アパートの経営を始めようと考え、FPで税理士でもある榊原さんに青色申告について相談した。所得税の青色申告に関する榊原さんの次の説明の空欄（ア）～（ウ）に入る適切な語句を語群の中から選び、その番号のみを解答欄に記入しなさい。

「賃貸アパートの経営を始める場合、不動産所得について確定申告をする必要があります。青色申告制度を利用すると、青色申告特別控除として、不動産所得について最大で（ア）の控除を受けることができます。ただし、賃貸アパートの経営が事業的規模でない場合は、控除額は最大で（イ）となります。なお、この制度を利用するためには、その年の（ウ）までに納税地の所轄税務署長に対して『青色申告承認申請書』を提出する必要があり、1月16日以降に新たに業務を始めた場合には、その業務の開始日から2ヵ月以内に提出する必要があります。」

<語群>
1. 10万円　　2. 50万円　　3. 65万円
4. 1月15日　　5. 3月15日　　6. 3月31日

（実技 2014.1 問15）

目標5分 過去問・予想問にチャレンジ

【解　説】

正解　（ア）3　（イ）1　（ウ）5

（ア）事業的規模の不動産所得や事業所得があり、貸借対照表や損益計算書を添付して期限内に申告した青色申告者は、所得から青色申告特別控除として所得から65万円を控除することができる。なお、事業的規模とは、貸間、アパート等については、貸与することのできる独立した室数がおおむね10室以上であり、独立家屋の貸付けについては、おおむね5棟以上であることをいう（通称5棟10室ルール）。　⇨⑥

（イ）事業的規模ではない不動産所得の場合の青色申告特別控除は、最大で10万円である。　⇨⑦

（ウ）青色申告を利用する場合、利用する年の3月15日までに青色申告承認申請書を税務署に提出する必要がある。1月16日以後に新規開業する場合には、開業日から2か月以内に提出する必要がある。　⇨②

3 各所得の金額の計算(1)

目標5分 覚えるのはたったコレだけ!!

1 不動産所得

①不動産所得は、不動産の貸付けから生じる所得などで総合課税である。
②事業的規模か否かを問わず、不動産の**貸付け**を行い、賃貸料を受け取ったことによる所得は、**不動産**所得となる。
③不動産所得において、不動産の貸付けにより受け取る敷金のうち、返還を**要する**部分の金額は総収入金額に算入しない。その他の敷金や礼金は総収入金額に算入する。
④不動産所得において、事業税は、**租税公課**として必要経費に算入される。
⑤賃貸の用に供していた不動産を**売却**したことによる所得は、**譲渡**所得となる。

2 事業所得

⑥事業所得は、事業から生じる所得で総合課税である。
⑦「青色事業専従者給与に関する届出書」を提出し、青色事業専従者に実際に給与を支給した場合、その届出額を**必要経費**に算入することができる。
⑧個人事業主が事業所得に係る個人事業税を納付した場合、その**全額**を必要経費に算入することができる。
⑨減価償却資産の償却方法は、「所得税の減価償却資産の償却方法の届出書」を提出していない場合、原則として**定額**法により計算する。
⑩事業の用に供していた営業用車両を売却したことによる所得は、**譲渡**所得となる。

目標2分 〇か×か？ 暗記確認ドリル

1 不動産所得

□□□ 不動産所得は、不動産の貸付けから生じる所得などで総合課税である。
☞①答〇

□□□ 事業的規模で不動産の貸付けを行い、賃貸料を受け取ったことによる所得は、<u>事業所得</u>となる。
☞②答×

□□□ 不動産所得において、不動産の貸付けにより受け取る敷金は、<u>全額を総収入金額に算入する</u>。
☞③答×

□□□ 不動産所得において、事業税は、租税公課として必要経費に算入される。
☞④答〇

□□□ 賃貸の用に供していた不動産を売却したことによる所得は、<u>不動産所得</u>となる。
☞⑤答×

2 事業所得

□□□ 事業所得は、事業から生じる所得で総合課税である。
☞⑥答〇

□□□ 「青色事業専従者給与に関する届出書」を提出し、青色事業専従者に実際に給与を支給した場合、その届出額を必要経費に算入することができる。
☞⑦答〇

□□□ 個人事業主が事業所得に係る個人事業税を納付した場合、その<u>2分の1</u>を必要経費に算入することができる。
☞⑧答×

□□□ 減価償却資産の償却方法は、「所得税の減価償却資産の償却方法の届出書」を提出していない場合、原則として<u>定率法</u>により計算する。
☞⑨答×

□□□ 事業の用に供していた営業用車両を売却したことによる所得は、<u>事業所得</u>となる。
☞⑩答×

目標5分 過去問・予想問にチャレンジ

【問題】
所得税における不動産所得の金額の計算上、総収入金額に算入される金額として、最も不適切なものはどれか。

1．建物の貸付けにより受け取る権利金（返還を要しないもの）
2．建物の貸付けにより受け取る賃貸料
3．建物の賃貸借契約を仲介する際に受け取る仲介手数料
4．建物の賃貸借契約を更新する際に貸主が受け取る更新料

（学科 2016.1 問32）

▶消去法

【解説】
正解　3

1．**適切**　返還を要しない権利金等については、不動産所得の金額の計算上、総収入金額に算入される。　⇨③

2．**適切**　事業的規模か否かを問わず、不動産の貸付けを行い、賃貸料を受け取ったことによる所得は、不動産所得となる。　⇨②

3．**不適切**　建物の賃貸借契約を仲介する際に受け取る仲介手数料は、事業所得の対象となる。

4．**適切**　返還を要しない権利金等については、不動産所得の金額の計算上、総収入金額に算入される。　⇨③

目標5分 過去問・予想問にチャレンジ

【問題】

大垣徹司さんは、個人で飲食店を営む自営業者である。平成26年分の大垣さんの飲食店の財務データが下記<資料>のとおりである場合、大垣さんの平成26年分の事業所得を計算しなさい。

<資料>

- 売上（収入）金額 12,680,000円
- 雑収入 360,000円
- 売上原価 3,550,400円
- 必要経費 3,285,000円
- 青色事業専従者給与 3,600,000円

※雑収入は、大垣さんの家族が大垣さんの飲食店で食事をした際の自家消費分である。
※青色事業専従者給与は大垣さんの妻に対して支払われたものであり、この金額は必要経費には含まれていない。
※大垣さんは、青色申告特別控除（650,000円）の適用を受ける要件を満たしている。

<計算式>
事業所得の金額 ＝ 売上（収入）金額（雑収入を含む）－売上原価－必要経費－青色事業専従者給与－青色申告特別控除額

（実技2015.1 問15）

【解説】

正解　1,954,600円

事業所得の金額 ＝ 売上（収入）金額（雑収入を含む）－売上原価－必要経費－青色事業専従者給与－青色申告特別控除額
　　　　　　　 ＝（12,680,000 ＋ 360,000）－ 3,550,400 － 3,285,000 － 3,600,000 － 650,000
　　　　　　　 ＝ 1,954,600円

なお、本問は、知識ではなく資料を利用して解ける問題である。

4 各所得の金額の計算(2)

目標5分 覚えるのはたったコレだけ!!

1 給与所得
①勤務先から無利息で資金を借りたことによる経済的利益は、原則、給与所得。

2 雑所得
②公的年金等に係る雑所得の金額は、「公的年金等の収入金額－公的年金等控除額」の算式により計算される。
③自己が保険料を負担した個人年金保険契約から年金を年金形式で受け取ったことによる所得は、雑所得となる。

3 譲渡所得
④総合課税の対象となる譲渡所得の金額は、「総収入金額－(取得費＋譲渡費用)－特別控除額」の算式により計算される。

4 一時所得
⑤一時所得の金額は、「一時所得に係る総収入金額－その収入を得るために支出した金額の合計額－特別控除額」の算式により計算される。

5 退職所得
⑥定年退職時に退職手当として一時に支払われた所得は、退職所得となる。
⑦退職所得の金額(特定役員退職手当等に係るものを除く)は、「(退職手当等の収入金額－退職所得控除額)×1/2」の算式により計算される。
⑧勤続年数が20年超の者の退職所得控除額は、「800万円＋70万円×(勤続年数－20年)」の算式により計算される。
⑨退職所得控除額における勤続年数を計算する際、その計算した期間に1年未満の端数が生じたときは、これを1年として勤続年数を計算する。
⑩退職手当等の支払いの際に「退職所得の受給に関する申告書」を提出した者は、退職手当等の金額の多寡にかかわらず、原則として、当該退職所得に係る所得税の確定申告は不要である。

目標2分 ○か×か？ 暗記確認ドリル

1 給与所得

☐☐☐ 会社員が勤務先から無利息で資金を借りたことによる経済的利益は、原則として、給与所得となる。　☞①答○

2 雑所得

☐☐☐ 公的年金等に係る雑所得の金額は、「公的年金等の収入金額－公的年金等控除額」の算式により計算される。　☞②答○

☐☐☐ 自己が保険料を負担した個人年金保険契約から年金を年金形式で受け取ったことによる所得は、一時所得となる。　☞③答×

3 譲渡所得

☐☐☐ 総合課税の対象となる譲渡所得の金額は、「総収入金額－（取得費＋譲渡費用）」の算式により計算される。　☞④答×

4 一時所得

☐☐☐ 一時所得の金額は、「一時所得に係る総収入金額－その収入を得るために支出した金額の合計額」の算式により計算される。　☞⑤答×

5 退職所得

☐☐☐ 定年退職時に退職手当として一時に支払われた所得は、退職所得となる。　☞⑥答○

☐☐☐ 退職所得の金額（特定役員退職手当等に係るものを除く）は、「退職手当等の収入金額－退職所得控除額」の算式により計算される。　☞⑦答×

☐☐☐ 勤続年数が20年の者の退職所得控除額は一律800万円である。　☞⑧答×

☐☐☐ 退職所得控除額における勤続年数を計算する際、その計算した期間に1年未満の端数が生じたときは、四捨五入して勤続年数を計算する。　☞⑨答×

☐☐☐ 退職手当等の支払いの際に「退職所得の受給に関する申告書」を提出した者は、退職手当等の金額の多寡にかかわらず、原則として、当該退職所得に係る所得税の確定申告は不要である。　☞⑩答○

目標5分 過去問・予想問にチャレンジ

【問題】

下記＜資料＞に基づき、正明さんに支給される退職一時金から源泉徴収される所得税の税額として、正しいものはどれか。なお、正明さんは、これまでに役員であったことはなく、「退職所得の受給に関する申告書」については適正に提出するものとする。

＜資料＞

［正明さんの退職に係るデータ］
- 退職一時金の額：3,000万円
- 勤続年数：31年8ヵ月
- 障害者になったことに起因する退職ではないものとする。

［所得税の速算表］

課税される所得金額	税率	控除額
1,000円から　　　　　1,949,000円まで	5%	0円
1,950,000円から　　　3,299,000円まで	10%	97,500円
3,300,000円から　　　6,949,000円まで	20%	427,500円
6,950,000円から　　　8,999,000円まで	23%	636,000円
9,000,000円から　　 17,999,000円まで	33%	1,536,000円
18,000,000円から　　39,999,000円まで	40%	2,796,000円
40,000,000円以上	45%	4,796,000円

（注）課税される所得金額の1,000円未満の端数は切捨て

1．932,500円

2．1,008,500円

3．2,952,000円

4．3,183,000円

（実技2015.9 問36）

目標5分 過去問・予想問にチャレンジ

【解説】

正解 1

勤続年数が20年を超える者の退職所得控除額は、「800万円 + 70万円 ×（勤続年数 - 20年)」の計算式により計算されるので、正明さんの退職所得控除額は以下のとおりとなる。

800万円 + 70万円 ×（32年 - 20年) = 1,640万円 ⇨⑧

なお、退職所得控除額における勤続年数を計算する際、その計算した期間に1年未満の端数が生じたときは、これを1年として勤続年数を計算するので正明さんの勤続年数は32年となる。 ⇨⑨

退職所得の金額は、「（退職手当等の収入金額 - 退職所得控除額）× 1/2」の算式により計算されるので、正明さんの退職所得の金額は以下のとおりとなる。

(3,000万円 - 1,640万円) × 1/2 = 680万円 ⇨⑦

正明さんの退職所得に課税される所得税は、資料の速算表より以下のように算出される。

680万円 × 20% - 427,500円 = 932,500円

5 損益通算と繰越控除

目標5分 覚えるのはたったコレだけ!!

1 損益通算

①**不動産**所得、**事業**所得、**山林**所得、**譲渡**所得の金額の計算上生じた**損失**の金額は、一定の場合を除き、他の所得の金額と通算することができる。

2 損益通算できないもの

②**居住の用**に供したことがない土地や建物を譲渡したことによる譲渡所得の金額の計算上、生じた損失の金額や生活用動産の譲渡による損失は、他の各種所得の金額と損益通算することができない。

③上場株式を譲渡したことによる譲渡所得の金額の計算上、生じた損失の金額は、**総合**課税を選択した上場株式に係る配当所得の金額と損益通算することができない。**申告分離**課税を選択した上場株式に係る配当所得の金額と損益通算することができる。

④不動産所得の金額の計算上、生じた損失の金額のうち、その不動産所得を生ずべき**土地**の取得に要した**負債の利子**の額に相当する部分の金額は、他の各種所得の金額と損益通算することができない。

⑤生命保険の解約返戻金の受取りによる**一時**所得の損失の金額は、他の所得の金額と損益通算することができない。

⑥**ゴルフ会員権**を譲渡したことによる譲渡所得の金額の計算上、生じた損失の金額は、他の各種所得の金額と損益通算することができない。

目標2分 〇か×か？ 暗記確認ドリル

1 損益通算

□□□ 不動産所得、事業所得、山林所得、一時所得の金額の計算上生じた損失の金額は、一定の場合を除き、他の所得の金額と通算することができる。
☞①答 ×

2 損益通算できないもの

□□□ 居住の用に供したことがない土地や建物を譲渡したことによる譲渡所得の金額の計算上、生じた損失の金額や生活用動産の譲渡による損失は、他の各種所得の金額と損益通算することができない。 ☞②答 〇

□□□ 上場株式を譲渡したことによる譲渡所得の金額の計算上、生じた損失の金額は、申告分離課税を選択した上場株式に係る配当所得の金額と損益通算することができない。 ☞③答 ×

□□□ 不動産所得の金額の計算上、生じた損失の金額のうち、その不動産所得を生ずべき土地の取得に要した負債の利子の額に相当する部分の金額は、他の各種所得の金額と損益通算することができない。 ☞④答 〇

□□□ 生命保険の解約返戻金の受取りによる一時所得の損失の金額は、他の所得の金額と損益通算することができる。 ☞⑤答 ×

□□□ ゴルフ会員権を譲渡したことによる譲渡所得の金額の計算上、生じた損失の金額は、他の各種所得の金額と損益通算することができない。
☞⑥答 〇

目標5分 過去問・予想問にチャレンジ

【問題】
会社員の加瀬正也さんの平成27年分の所得等は下記＜資料＞のとおりである。加瀬さんが所得税の確定申告をする際に、給与所得と損益通算できるものとして、正しいものはどれか。

＜資料＞

	収入	所得	備考
給与	500万円	346万円	給与所得控除額：154万円
不動産	800万円	▲150万円	必要経費：950万円 ※必要経費の中には土地の取得に要した借入金の利子180万円が含まれている。
ゴルフ会員権の譲渡	900万円	▲100万円	取得費：1,000万円 ※ゴルフ場は健全に運営されており、ゴルフ会員権の譲渡は営利を目的として継続的に行ったものではない。
上場株式の譲渡	500万円	▲120万円	取得費：620万円

1．不動産所得▲150万円
2．ゴルフ会員権の譲渡所得▲100万円
3．ゴルフ会員権の譲渡所得▲100万円および上場株式の譲渡所得▲120万円
4．なし

（実技2014.1 問16改題）

目標5分 過去問・予想問にチャレンジ

【解 説】

正解　4

1. 不適切　不動産所得の金額の計算上生じた損失の金額のうち、その不動産所得を生ずべき土地の取得に要した負債の利子の額に相当する部分の金額は、他の各種所得の金額と損益通算することができない。設問の場合、土地の取得に要した借入金の利子が180万円あるため、損益通算できる金額はない。　⇨④
2. 不適切　ゴルフ会員権を譲渡したことによる譲渡所得の金額の計算上生じた損失の金額は、他の各種所得の金額と損益通算することができない。　⇨⑥
3. 不適切　上場株式を譲渡したことによる譲渡所得の金額の計算上生じた損失の金額は、申告分離課税を選択した上場株式に係る配当所得の金額と損益通算することができるが、給与所得と損益通算することはできない。　⇨③
4. 適切　1〜3より、給与所得と損益通算できるものはない。

6 所得控除

目標5分 覚えるのはたったコレだけ!!

1 所得控除の基礎知識

①給与所得者は、所得控除のうち雑損控除、医療費控除、寄付金控除については、確定申告により適用を受けることができる。

2 配偶者控除・配偶者特別控除・扶養控除

②年間の合計所得金額が38万円（給与収入で103万円）を超えている配偶者がいる納税者は、配偶者控除の適用を受けることはできない。

③納税者が、配偶者に対して支払う給与を青色事業専従者給与として必要経費に算入している場合、配偶者控除の適用を受けることができない。

④合計所得金額が1,000万円を超えている納税者は、配偶者の合計所得金額の多寡にかかわらず、配偶者特別控除の適用を受けることができない。

⑤特定扶養親族とは、年間の合計所得金額が38万円（給与収入で103万円）以下である扶養親族のうち、19歳以上23歳未満の者で、控除額は63万円である。

⑥特定扶養親族を除く16歳以上70歳未満の扶養親族は、扶養控除の対象となる。控除額は38万円である。

3 医療費控除

⑦医療費控除の控除額は、その年中に支払った医療費の金額から、総所得金額等の合計額の5%相当額または10万円のいずれか低い方の額を控除して算出。

⑧医療費控除の対象となる医療費の額は、その年中に実際に支払った額であり、年末の時点で未払いの額は、その年分の医療費控除の対象とはならない。

⑨タクシーを含む公共の交通機関を利用した交通費は、医療費控除の控除額の対象となる。

⑩健康診断や人間ドックの費用は、重大な疾病が発見され治療を受けたとき以外、医療費控除の控除額の対象とならない。

目標2分 ○か×か？ 暗記確認ドリル

1 所得控除の基礎知識

☐☐☐ 給与所得者は、所得控除のうち雑損控除、医療費控除、寄付金控除については、確定申告により適用を受けることができる。 ☞①答○

2 配偶者控除・配偶者特別控除・扶養控除

☐☐☐ 年間の合計所得金額が 38 万円を超えている配偶者がいる納税者は、配偶者控除の適用を受けることはできない。 ☞②答○

☐☐☐ 納税者が、配偶者に対して支払う給与を青色事業専従者給与として必要経費に算入している場合、配偶者控除の適用を受けることができない。
☞③答○

☐☐☐ 合計所得金額が 800 万円を超えている納税者は、配偶者の合計所得金額の多寡にかかわらず、配偶者特別控除の適用を受けることができない。
☞④答 ×

☐☐☐ 特定扶養親族とは、年間の合計所得金額が 38 万円以下である扶養親族のうち、19 歳以上 23 歳未満の者で、控除額は 63 万円である。 ☞⑤答○

☐☐☐ 特定扶養親族を除く 70 歳未満の扶養親族は、扶養控除の対象となる。控除額は 38 万円である。 ☞⑥答 ×

3 医療費控除

☐☐☐ 医療費控除の控除額は、その年中に支払った医療費の金額から、総所得金額等の合計額の 10% 相当額または 10 万円のいずれか低い方の額を控除して算出される。 ☞⑦答 ×

☐☐☐ 医療費控除の対象となる医療費の額は、その年中に実際に支払った額であり、年末の時点で未払いの額は、その年分の医療費控除の対象とはならない。 ☞⑧答○

☐☐☐ 交通費は、医療費控除の控除額の対象とならない。 ☞⑨答 ×

☐☐☐ 健康診断や人間ドックの費用は、医療費控除の控除額の対象となる。
☞⑩答 ×

目標5分 過去問・予想問にチャレンジ

【問題】
Aさんの平成27年12月31日現在における扶養親族およびその平成27年分の収入状況が下記のとおりであった場合、Aさんの平成27年分の所得税における扶養控除の控除額として、最も適切なものはどれか。

長女（21歳の大学生）：アルバイトによる給与収入金額60万円
長男（17歳の高校生）：収入なし
二男（14歳の中学生）：収入なし

1．63万円
2．101万円
3．139万円
4．164万円

（学科 2016.1 問35）

【解説】
正解 2

それぞれの扶養控除額は以下のとおり。
- 長女：63万円
  ※所得が38万円（給与収入が103万円）以下である19歳以上23歳未満の特定扶養親族
- 長男：38万円
  ※所得が38万円以下である扶養親族
- 二男：0円
  ※16歳未満であるため、扶養親族の対象とならない

合計すると、63万円＋38万円＋0円＝101万円となる。　⇨⑤⑥

目標5分 過去問・予想問にチャレンジ

【問題】

川原さんは、生計を一にする妻と小学生の長女の3人で暮らしている。川原さん一家が平成26年中に支払った医療費等が下記<資料>のとおりである場合、川原さんの平成26年分の所得税の確定申告における医療費控除の金額として、正しいものはどれか。なお、川原さんの平成26年中の所得は給与所得452万円のみである。また、保険金等により補てんされる金額はない。

<資料>

支払年月	医療を受けた人	医療機関等	内容	支払金額
平成26年9月	本人	A病院	健康診断(注1)	15,000円
平成26年10月～11月	長女	B病院	骨折で入院(注2)	160,000円
平成26年1月～12月	妻	C整体院	健康維持のためのマッサージ	83,200円

(注1) 川原さんの健康診断の結果に異常はなかった。
(注2) 長女はテニスの試合中に足首を骨折した。公共交通機関が近くにない場所であったため病院までタクシーで移動し、タクシー代金として5,400円を支払い、代金については医療費(160,000円)とは別に支払っている。

1. 166,000円　　2. 158,200円　　3. 67,800円　　4. 65,400円

（実技 2015.1 問18）

【解説】

正解　4

健康診断の費用は、結果に異常がなかったため、医療費控除の対象にはならない。骨折による通院に係る費用は、医療費として160,000円全額と交通費5,400円が医療費控除の対象になる。健康維持のためのマッサージは、医療として認められないため、医療費控除の対象にならない。
医療費控除の額は、その年中に支払った医療費の金額から総所得金額等の合計額の5%（452万×5% = 22.6万）と10万円のいずれか低い方の額を控除する。したがって、長女の治療費および交通費から10万円を引いた額が医療費控除の額となり、165,400円 − 100,000円 = 65,400円となる。　⇨⑦⑨⑩

7 税額控除・更正

目標5分 覚えるのはたったコレだけ!!

1 住宅借入金等特別控除（住宅ローン控除）の基礎知識

①住宅ローン控除の適用を受けようとする者のその年分の合計所得金額は、**3,000**万円以下でなければならない。

②給与所得者が住宅ローン控除の適用を受ける場合、初年分は確定申告が必要であるが、2年目以降からは年末調整により適用を受けることができる。

③住宅ローン控除の控除期間は、最長で**10**年間である。

④転勤等のやむを得ない事由により転居して当該住宅を居住の用に供しなくなった場合、住宅ローン控除の適用を受けられなくなるが、再入居した年以降の**残存控除期間**については再び住宅ローン控除の適用を受けることができる。

2 住宅借入金等特別控除（住宅ローン控除）の要件

⑤住宅ローン控除の対象となる住宅借入金等の償還期間は、**10**年以上でなければならない。

⑥住宅ローン控除の対象となる家屋の床面積は**50**㎡以上で、その**2分の1**以上が専ら自己の居住の用に供されるものでなければならない。

⑦住宅ローン控除の控除額の計算上、住宅借入金等の年末残高に乗ずる率は**1.0%**である。

3 更　　正

⑧確定申告をした後、申告書に記載すべき納付税額に**不足額**があると判明した場合、更正の通知があるまでは、**修正申告**をすることができる。

⑨確定申告をした後、所得税を**過大**に申告していたことが判明した場合は、その法定申告期限から一定の期限内に**更正の請求**をすることができる。

目標2分 〇か×か？　暗記確認ドリル

1　住宅借入金等特別控除（住宅ローン控除）の基礎知識

☐☐☐　住宅ローン控除の適用を受けようとする者のその年分の合計所得金額は、2,000万円以下でなければならない。　☞①答×

☐☐☐　給与所得者が住宅ローン控除の適用を受ける場合、初年分は確定申告が必要であるが、2年目以降からは年末調整により適用を受けることができる。　☞②答〇

☐☐☐　住宅ローン控除の控除期間は、最長で10年間である。　☞③答〇

☐☐☐　転勤等のやむを得ない事由により転居して当該住宅を居住の用に供しなくなった場合、住宅ローン控除の適用を受けられなくなるが、再入居した年以降の残存控除期間については再び住宅ローン控除の適用を受けることができる。　☞④答〇

2　住宅借入金等特別控除（住宅ローン控除）の要件

☐☐☐　住宅ローン控除の対象となる住宅借入金等の償還期間は、5年以上でなければならない。　☞⑤答×

☐☐☐　住宅ローン控除の対象となる家屋の床面積は50㎡以上で、その3分の2以上が専ら自己の居住の用に供されるものでなければならない。　☞⑥答×

☐☐☐　住宅ローン控除の控除額の計算上、住宅借入金等の年末残高に乗ずる率は1.0%である。　☞⑦答〇

3　更　　正

☐☐☐　確定申告をした後、申告書に記載すべき納付税額に不足額があると判明した場合、更正の通知があるまでは、修正申告をすることができる。　☞⑧答〇

☐☐☐　確定申告をした後、所得税を過大に申告していたことが判明した場合は、その法定申告期限から一定の期限内に更正の請求をすることができる。　☞⑨答〇

過去問・予想問にチャレンジ（目標5分）

【問題】
所得税における住宅借入金等特別控除（以下「住宅ローン控除」という）に関する次の記述のうち、最も適切なものはどれか。なお、平成27年8月に住宅ローンを利用して家屋を取得し、同月中に自己の居住の用に供しているものとする。

1. 住宅ローン控除の対象となる家屋の床面積は50㎡以上であり、その3分の1以上に相当する部分が専ら自己の居住の用に供されるものでなければならない。
2. 平成27年12月31日までに、転勤等のやむを得ない事由により転居して当該住宅を居住の用に供しなくなった場合、平成28年以降に当該住宅を居住の用に供したとしても、再入居した年以降の残存控除期間について住宅ローン控除の適用を受けることはできない。
3. 住宅ローン控除の適用を受けようとする者のその年分の合計所得金額は、3,000万円以下でなければならない。
4. 住宅ローン控除は、納税者が給与所得者である場合、所定の書類を勤務先に提出することにより、住宅を取得し、居住の用に供した初年度から年末調整により適用を受けることができる。

（学科 2015.9 問36）

目標5分 過去問・予想問にチャレンジ

【解　説】
正解　3

1. 不適切　住宅ローン控除の対象となる家屋の床面積は50㎡以上で、その2分の1以上が専ら自己の居住の用に供されるものでなければならない。　⇨⑥

2. 不適切　転勤等のやむを得ない事由により転居して当該住宅を居住の用に供しなくなった場合、住宅ローン控除の適用を受けられなくなるが、再入居した年以降の残存控除期間については再び住宅ローン控除の適用を受けることはできる。　⇨④

3. 適切　住宅ローン控除の適用を受けようとする者のその年分の合計所得金額は、3,000万円以下でなければならない。　⇨①

4. 不適切　給与所得者が住宅ローン控除の適用を受ける場合、初年分は確定申告が必要である。なお、2年目以降からは年末調整により適用を受けることができる。　⇨②

8 法 人 税

目標5分 覚えるのはたったコレだけ!!

1 法人税の基礎知識

①法人税の各事業年度の所得の金額と企業会計における決算上の当期純利益とは、必ずしも一致するとは限らない。

②法人税における事業年度とは、**法令**または**定款**等により定められた1年以内の会計期間がある場合にはその期間をいう。

③法人税の確定申告書は、各事業年度終了の日の翌日から**2か月**以内に、納税地の所轄税務署長に提出し、法人税を納付しなければならない。

④法人税の納税地は、原則として法人の本店もしくは主たる事務所の所在地となる。

⑤新設法人が設立事業年度から青色申告の適用を受ける場合には、設立の日以後**3か月**以内に「青色申告の承認申請書」を納税地の所轄税務署長に提出しなければならない。

⑥資本金の額が1億円以下の株式会社(株主はすべて個人)の法人税の税率は、**23.4**%である。ただし所得金額のうち年**800**万円以下の部分については、**15.0**%の軽減税率が適用される。

2 損　金

⑦**法人**税および**法人住民**税の本税は、損金に算入されない。

⑧事前確定届出給与において、事前に届け出た金額よりも多い金額を役員賞与として支給した場合、原則として、支給金額の全額は損金に算入されない。

⑨資本金の額が**1億**円以下の一定の法人が支出した交際費等の額のうち、年**800**万円以下の金額は、その事業年度において全額を損金の額に算入することができる。

目標2分 ○か×か？ 暗記確認ドリル

1 法人税の基礎知識

☐☐☐ 法人税の各事業年度の所得の金額と企業会計における決算上の当期純利益とは、必ずしも一致するとは限らない。 ☞①答○

☐☐☐ 法人税における事業年度とは、4月1日より翌年3月31日までの期間をいう。 ☞②答×

☐☐☐ 法人税の確定申告書は、各事業年度終了の日の翌日から3か月以内に、納税地の所轄税務署長に提出し、法人税を納付しなければならない。 ☞③答×

☐☐☐ 法人税の納税地は、原則として法人の本店もしくは主たる事務所の所在地となる。 ☞④答○

☐☐☐ 新設法人が設立事業年度から青色申告の適用を受ける場合には、設立の日以後2か月以内に「青色申告の承認申請書」を納税地の所轄税務署長に提出しなければならない。 ☞⑤答×

☐☐☐ 資本金の額が1億円以下の株式会社（株主はすべて個人）の法人税の税率は、23.4%である。ただし所得金額のうち年1,000万円以下の部分については、15.0%の軽減税率が適用される。 ☞⑥答×

2 損　　金

☐☐☐ 法人税および法人住民税の本税は、損金に算入される。 ☞⑦答×

☐☐☐ 事前確定届出給与において、事前に届け出た金額よりも多い金額を役員賞与として支給した場合、原則として、支給金額の全額は損金に算入されない。 ☞⑧答○

☐☐☐ 資本金の額が1億円以下の一定の法人が支出した交際費等の額は、多寡にかかわらず、その事業年度において全額を損金の額に算入することができる。 ☞⑨答×

目標5分 過去問・予想問にチャレンジ

【問題】
法人税の仕組みに関する次の記述のうち、最も適切なものはどれか。
1. 内国法人は、国内源泉所得について法人税の納税義務を負い、国外源泉所得は課税対象とならない。
2. 法人税の各事業年度の所得の金額と企業会計における決算上の当期純利益とは、必ずしも一致するとは限らない。
3. 期末資本金の額が1億円以下の一定の中小法人に対する法人税は、所得金額のうち1,000万円を超える部分には23.4%、1,000万円以下の部分には15.0%の税率が適用される。
4. 法人税は、原則として、法人税の確定申告書を提出した日の翌日から2ヵ月以内に納付しなければならない。

（学科 2014.9 問38 改題）

【解説】 ▶一発必中法

正解 2

1. 不適切　内国法人は、国内源泉所得と国外源泉所得の全てについて法人税が課税される。
2. 適切　法人税の各事業年度の所得の金額と企業会計における決算上の当期純利益とは、必ずしも一致するとは限らない。⇨①
3. 不適切　資本金の額が1億円以下の株式会社（株主はすべて個人）の法人税の税率は、23.4%である。ただし所得金額のうち年800万円以下の部分については15.0%の軽減税率が適用される。⇨⑥
4. 不適切　法人税の確定申告書は、各事業年度終了の日の翌日から2か月以内に、納税地の所轄税務署長に提出しなければならず、この期間中に法人税を納付しなければならない。⇨③

目標5分 過去問・予想問にチャレンジ

【問題】
法人税の仕組みに関する次の記述のうち、最も適切なものはどれか。
1. 法人税の額は、各事業年度の確定した決算に基づく当期純利益の額に税率を乗じて算出される。
2. 法人が預金の利子を受け取る際に源泉徴収された所得税の額は、所得税額控除として法人税の額から控除することができる。
3. 法人は、その本店もしくは主たる事務所の所在地または当該代表者の住所地のいずれかから法人税の納税地を任意に選択することができる。
4. 法人税は、法人税の確定申告書を提出した日の翌日から2ヵ月以内に納付しなければならない。

（学科 2015.9 問38）

【解説】　　　　　　　　　　　　　　　　　　　　　　▶消去法
正解　2
1. 不適切　法人税の各事業年度の所得の金額と企業会計における決算上の当期純利益とは、必ずしも一致するとは限らないため、調整した所得に税率を乗じて算出する。　⇨①
2. 適切　法人が預金の利子を受け取る際に源泉徴収された所得税の額は、所得税額控除として法人税の額から控除することができる。
3. 不適切　原則として、納税地は、法人の本店もしくは主たる事務所の所在地となる。　⇨④
4. 不適切　法人税の確定申告書は、各事業年度終了の日の翌日から2か月以内に、納税地の所轄税務署長に提出しなければならず、この期間中に法人税を納付しなければならない。　⇨③

9 消費税

目標5分 覚えるのはたったコレだけ!!

1 消費税の基礎知識

①新たに設立された法人は、原則として設立当初**2年間**は免税事業者となるが、資本金**1,000万円**以上の法人は、課税事業者となる。
②消費税の納税義務者に該当するか判定する際の基準期間は、個人事業者の場合はその年の**前々年**であり、事業年度が1年の法人の場合はその事業年度の**前々事業年度**である。
③一定の期限までに所定の届出書を所轄税務署長に提出し、簡易課税制度を選択した事業者は、基準期間の課税売上高が**5,000万円**以下の課税期間について簡易課税制度が適用される。
④簡易課税制度の適用を受けた事業者は、課税売上高に**業種ごと**に応じて定められた**みなし仕入れ率**を乗じて仕入れに係る消費税額を計算する。
⑤簡易課税制度を選択した事業者は、事業を廃止した場合等を除き、原則として最低**2年間**は本制度の適用を継続しなければならない。

2 消費税の課税取引

⑥仲介手数料を対価とする土地の賃貸借契約の仲介は、消費税の課税取引と**される**。
⑦建物の譲渡は、消費税の課税取引とされる。土地の譲渡は、消費税の課税取引と**されない**。
⑧貸付期間1か月以上の住宅の貸付けは、消費税の課税取引と**されない**。
⑨公正証書の作成にかかる公証人手数料の支払いは、消費税の課税取引と**されない**。

目標2分 ○か×か？ 暗記確認ドリル

1 消費税の基礎知識

❏❏❏ 新たに設立された法人は、原則として設立当初3年間は免税事業者となるが、資本金1,000万円以上の法人は、課税事業者となる。　☞①答 ×

❏❏❏ 消費税の納税義務者に該当するか判定する際の基準期間は、個人事業者の場合はその年の前年であり、事業年度が1年の法人の場合はその事業年度の前事業年度である。　☞②答 ×

❏❏❏ 一定の期限までに所定の届出書を所轄税務署長に提出し、簡易課税制度を選択した事業者は、基準期間の課税売上高が1億円以下の課税期間について簡易課税制度が適用される。　☞③答 ×

❏❏❏ 簡易課税制度の適用を受けた事業者は、課税売上高に業種ごとに応じて定められたみなし仕入れ率を乗じて仕入れに係る消費税額を計算する。
☞④答 ○

❏❏❏ 簡易課税制度を選択した事業者は、事業を廃止した場合等を除き、原則として最低3年間は本制度の適用を継続しなければならない。
☞⑤答 ×

2 消費税の課税取引

❏❏❏ 仲介手数料を対価とする土地の賃貸借契約の仲介は、消費税の課税取引とされる。　☞⑥答 ○

❏❏❏ 土地と建物の譲渡は、消費税の課税取引とされる。　☞⑦答 ×

❏❏❏ 貸付期間1か月以上の住宅の貸付けは、消費税の課税取引とされる。
☞⑧答 ×

❏❏❏ 公正証書の作成にかかる公証人手数料の支払いは、消費税の課税取引とされる。　☞⑨答 ×

目標5分 過去問・予想問にチャレンジ

【問題】
消費税の課税事業者である法人が国内で行った次の取引のうち、消費税の非課税取引とされるものはどれか。
1．更地である土地の譲渡
2．社宅に供されていた建物の譲渡
3．非居住用建物の賃貸
4．土地の譲渡に係る仲介

（学科 2016.1 問 39）

【解説】　　　　　　　　　　　　　　　　　　　　　▶一発必中法
正解　1
土地の譲渡は、消費税の課税取引とされない。　　　　　⇨⑦

目標5分 過去問・予想問にチャレンジ

【問題】
消費税に関する次の記述のうち、最も適切なものはどれか。
1. 消費税の課税事業者による住宅の販売は、社会政策上の配慮から、消費税の非課税取引とされている。
2. 消費税の納税義務者に該当するかどうかを判定する際の基準期間は、個人事業者の場合はその年の前々年であり、事業年度が1年の法人の場合はその事業年度の前々事業年度である。
3. 簡易課税制度の適用を受けた事業者は、課税売上高に従業員数に応じて定められたみなし仕入れ率を乗じて仕入れに係る消費税額を計算する。
4. 「消費税簡易課税制度選択届出書」を提出した事業者は、事業を廃止した場合を除き、原則として3年間は簡易課税制度の適用となる。

(学科 2015.9 問40)

【解説】
正解 2

1. 不適切　土地の譲渡は消費税の課税取引とされないが、建物の譲渡は消費税の課税取引とされる。　⇨⑦
2. 適切　消費税の納税義務者に該当するか判定する際の基準期間は、個人事業者の場合はその年の前々年であり、事業年度が1年の法人の場合はその事業年度の前々事業年度である。　⇨②
3. 不適切　簡易課税制度の適用を受けた事業者は、課税売上高に業種ごとに応じて定められたみなし仕入れ率を乗じて仕入れに係る消費税額を計算する。　⇨④
4. 不適切　簡易課税制度を選択した事業者は、事業を廃止した場合等を除き、原則として最低2年間は本制度の適用を継続しなければならない。　⇨⑤

第5編

不動産

1 不動産の調査

目標5分 覚えるのはたったコレだけ!!

1 不動産の調査

①不動産の登記記録の表題部には、**不動産の表示**に関する事項が記録されている。土地の表示に関する登記事項としては、所在、地番、地目、地積等があり、建物の表示に関する登記事項としては、所在および土地の地番、家屋番号、建物の種類、構造、床面積等がある。

②不動産の登記記録の権利部（甲区）には、**所有権**に関する事項が記載される。

③不動産の登記記録の権利部（乙区）には、**所有権以外**の権利に関する事項が記載される。

④建物の登記記録に記録されている**家屋番号**は、市町村が定める住居表示の**住居番号**と同一であるとは限らない。

⑤誰でも、不動産の登記事項証明書の交付請求をすることができる。

⑥不動産の登記には**公信力がない**ため、登記記録を正しいものと信用して取引を行った者は、その登記記録の内容が真実と異なっていた場合には、保護されないことがある。

⑦登記すべき不動産の**物権変動**が発生していない場合、または**手続上の要件**が備わっていない場合は、仮登記をすることで将来の登記上の順位を保全することができる。

目標2分 ○か×か？ 暗記確認ドリル

1 不動産の調査

❏❏❏ 不動産の登記記録の表題部には、不動産の表示に関する事項が記録されている。土地の表示に関する登記事項としては、所在、地番、地目、地積等があり、建物の表示に関する登記事項としては、所在および土地の地番、家屋番号、建物の種類、構造、床面積等がある。　☞①答○

❏❏❏ 不動産の登記記録の権利部（甲区）には、所有権に関する事項が記載される。　☞②答○

❏❏❏ 不動産の登記記録の権利部（乙区）には、所有権以外の権利に関する事項が記載される。　☞③答○

❏❏❏ 建物の登記記録に記録されている家屋番号は、市町村が定める住居表示の住居番号と同一である。　☞④答×

❏❏❏ 利害関係人に限り、不動産の登記事項証明書の交付請求をすることができる。　☞⑤答×

❏❏❏ 不動産の登記には公信力がないため、登記記録を正しいものと信用して取引を行った者は、その登記記録の内容が真実と異なっていた場合には、保護されないことがある。　☞⑥答○

❏❏❏ 手続上の要件が備わっていない場合に限り、仮登記をすることで将来の登記上の順位を保全することができる。　☞⑦答×

目標5分 過去問・予想問にチャレンジ

【問　題】

下記＜資料＞は、山根さんの所有する土地の登記事項証明書の一部である。この登記事項証明書に関する次の（ア）～（ウ）の記述について、正しいものには○、誤っているものには×を解答欄に記入しなさい。

＜資料＞

不動産の調査

権　利　部（甲　区）（所有権に関する事項）			
順位番号	登記の目的	受付年月日・受付番号	権利者その他の事項
1	所有権移転	平成2年8月29日 第9624号	原因　平成2年8月29日売買 所有者　神奈川県○○市×× 　　　　区△△一丁目2番3号 　　　　山根真一
2	所有権移転	平成19年6月21日 第6322号	原因　平成19年6月21日相続 所有者　神奈川県○○市×× 　　　　区△△一丁目2番3号 　　　　山根賢治

権　利　部（乙　区）（所有権以外の権利に関する事項）			
順位番号	登記の目的	受付年月日・受付番号	権利者その他の事項
1	抵当権設定	平成2年8月29日 第9625号	原因　平成2年8月29日金銭 　　　消費貸借同日設定 債権額　金2,000万円 利息　年7.0% 損害金　年14.5%（年365日 　　　日割計算） 債務者　神奈川県○○市×× 　　　　区△△一丁目2番3号 　　　　山根真一 抵当権者　○○市××区一丁 　　　　目2番1号 　　　　株式会社　ひかり銀行
2	1番抵当権抹消	平成19年3月5日 第3163号	原因　平成19年3月5日弁済
3	抵当権設定	平成25年5月20日	原因　平成25年5月20日金

・192・

目標5分 過去問・予想問にチャレンジ

| | | 第6323号 | 銭消費貸借同日設定
債権額　金1,000万円
利息　年1.75%
損害金　年14.5%（年365日日割計算）
債務者　神奈川県○○市××区一丁目2番3号
　　　　山根賢治
債権者　神奈川県○○市××区五丁目4番2号
　　　　株式会社　かもめ銀行 |

※下線のあるものは抹消事項であることを示す。

(ア) ひかり銀行の抵当権は、債務者の山根真一さんが死亡したため消滅した。
(イ) この土地は現在、山根賢治さんが単独で所有している。
(ウ) 平成25年5月20日にかもめ銀行の抵当権設定登記が行われ、かもめ銀行の抵当権設定当初の債権額は1,000万円であることが分かる。

(実技 2015.5 問7 改題)

【解　説】
正解　(ア) ×　(イ) ○　(ウ) ○

(ア) **不適切**　ひかり銀行の抵当権が消滅したのは、乙区の第2順位にある通り「弁済」によるものである。　⇨③
(イ) **適切**　現在の所有者は、甲区の第2順位にある通り「山根賢治」さんの単独所有である。　⇨②
(ウ) **適切**　乙区の第3順位にある通り、平成25年5月20日に設定された抵当権の被担保債権の債権額は1,000万円である。　⇨③

2 不動産の価格・不動産の取引(1)

目標5分 覚えるのはたったコレだけ!!

1 価格の種類

①**国土交通省**の土地鑑定委員会が公表する公示価格は、毎年**1月1日**を基準日とした価格で、一般の土地の取引価格の指標等として官報で公表されている。

②**都道府県**が公表する基準地標準価格は毎年**7月1日**を基準日とする。

③**市町村**が所管する固定資産税評価額は、原則として**3年**ごとに見直しがされる（評価替え）。地価公示の公示価格の**70%**を価格水準の目安として設定されている。

④**国税庁**が所管する相続税路線価は、地価公示の公示価格の**80%**を価格水準の目安として設定されている。

2 民法

⑤不動産の買主は、購入した物件に隠れた瑕疵があった場合、それを知った時から**1年**以内に、売主に対して解除および損害賠償の請求をすることができる。

⑥売主は、目的物の瑕疵について**無過失**であっても瑕疵担保責任を負う。

⑦民法上、手付は解約手付と推定される。買主が売主に解約手付を交付したときは、**相手方が契約の履行に着手する**までは、買主はその手付を**放棄**することで、売主はその**倍額を償還**することで、それぞれ契約を解除することができる。買主による代金の提供、売主による物件の一部引渡しなどが、履行の着手にあたる。

⑧売主の責めに帰すべき事由により、売買契約で定められている債務の履行が不能となった場合、買主は、**履行の催告**をすることなく当該契約を解除することができる。

目標2分 ○か×か？ 暗記確認ドリル

1 価格の種類

☐☐☐ 国土交通省の土地鑑定委員会が公表する公示価格は毎年4月1日を基準日とした価格で、一般の土地の取引価格の指標等として官報で公表されている。　☞①答 ×

☐☐☐ 都道府県が公表する基準地標準価格は、毎年7月1日を基準日とする。　☞②答 ○

☐☐☐ 市町村が所管する固定資産税評価額は、原則として毎年見直しがされる（評価替え）。　☞③答 ×

☐☐☐ 国税庁が所管する相続税路線価は、地価公示の公示価格の70%を価格水準の目安として設定されている。　☞④答 ×

2 民　　法

☐☐☐ 不動産の買主は、目的物に隠れた瑕疵があった場合、それを知った時から3年以内に、売主に対して解除および損害賠償の請求をすることができる。　☞⑤答 ×

☐☐☐ 売主は、目的物の瑕疵について故意または過失がある場合に限り、買主に対して瑕疵担保責任を負う。　☞⑥答 ×

☐☐☐ 買主が売主に解約手付を交付したときは、相手方が契約の履行に着手するまでは、買主はその手付を放棄することで、売主はその倍額を償還することで、それぞれ契約を解除することができる。買主による代金の提供、売主による物件の一部引渡しなどが、履行の着手にあたる。　☞⑦答 ○

☐☐☐ 売主の責めに帰すべき事由により、売買契約で定められている債務の履行が不能となった場合、買主は、履行の催告をすることなく当該契約を解除することができる。　☞⑧答 ○

目標5分 過去問・予想問にチャレンジ

【問題】

公的土地価格に関する下表の空欄（ア）〜（エ）に入る語句を語群の中から選び、その番号のみを解答欄に記入しなさい。

価格の種類	（ ア ）	基準地標準価格	相続税路線価	固定資産税評価額
所管	国土交通省	（ イ ）	国税庁	市町村（東京23区は東京都）
評価時点	毎年1月1日	毎年（ ウ ）	毎年1月1日	原則として基準年度の前年1月1日
評価割合	—	—	（ ア ）の8割程度	（ ア ）の（ エ ）程度
目的	・一般の土地取引の指標 ・公共事業用地の適正補償金の算定基準	・国土利用計画法による土地取引の適正かつ円滑な実施 ・一般の土地取引の指標	・相続税や贈与税の課税のため	・固定資産税等の課税のため

1．実勢価格　2．公示価格　3．基準価格　4．国土交通省　5．内閣府
6．都道府県　7．1月1日　8．4月1日　9．7月1日
10．6割　11．7割　12．8割

（実技2015.9 問6）

【解説】

正解　（ア）**2**　（イ）**6**　（ウ）**9**　（エ）**11**

（ア）国土交通省所管は公示価格である。　　　　　　　　　⇨①
（イ）基準地標準価格は都道府県が所管している。　　　　　⇨②
（ウ）基準地標準価格は毎年7月1日を基準日とする。　　　 ⇨②
（エ）固定資産評価額は公示地価の7割程度が目安である。　⇨③

目標5分 過去問・予想問にチャレンジ

【問　題】
不動産の売買契約における手付金に関する次の記述の空欄（ア）～（ウ）に入る適切な語句を語群の中から選び、その番号のみを解答欄に記入しなさい。

民法上、手付金は（ア）と推定され、当事者の一方が契約の履行に着手するまでは、買主は手付金を放棄して、売主は手付金の倍額を償還して契約を解除することができる。なお、履行の着手とは、売主としては登記や引渡し、買主としては（イ）が該当する。また、宅地建物取引業法では、宅地建物取引業者が自ら売主となり、宅地建物取引業者ではない者と取引を行う場合、売買代金の（ウ）の額を超える手付金を受領してはならないとされている。

＜語群＞
1．証約手付　2．解約手付　3．違約手付　4．代金の提供
5．代金を提供するための借入れの申込み　6．2割　7．3割　8．4割

（実技 2015.1 問 10）

【解　説】
正解　（ア）2　（イ）4　（ウ）6

（ア）民法上、手付は解約手付と推定される。　　　　　　　　　⇨⑦
（イ）相手方が履行に着手すると手付解除はできないが、買主による代金の提供がこれに当たる。　　　　　　　　　　　　　　　　　⇨⑦
（ウ）宅建業者が自ら売主となる場合、代金の10分の2を超える額の手付を受領することはできない。この点は後述する。　　⇨本編4課⑤

・197・

3 不動産の取引(2)

目標5分 覚えるのはたったコレだけ!!

1 借地借家法（借家）

①事業用の建物を含め、建物の賃貸借には借地借家法が適用される。
②建物の引渡しがあれば、借家権の登記がなくとも借家権を第三者に対抗できる。
③普通借家契約で1年未満の期間を契約期間として定めた場合は、期間の定めのない契約とみなされる。定期借家契約の場合には、1年未満の期間を契約期間として定めることができる。
④普通借家契約で賃貸人から更新拒絶をする場合には、正当事由を備える必要がある。定期借家契約の場合には、正当事由がなくとも更新を拒絶できる。ただし、定期借家契約の場合には書面（公正証書に限らない）で契約を締結する必要があり、期間満了の1年前から6か月前の間に賃貸人から賃借人に対して通知する必要がある。
⑤定期借家契約を締結するときは、建物の賃貸人は賃借人に対し、あらかじめ、契約の更新がなく期間満了により賃貸借が終了することを、書面を交付して説明しなければならない。

2 借地借家法（借地）

⑥普通借地権の契約期間は最低30年。法定更新の条件は借地上の建物の存在。
⑦借地上に借地権者名義で登記された建物を所有する借地権者は、賃借権の登記を備えなくとも、借地権を第三者に対抗することができる。
⑧一般定期借地権（期間50年以上）は書面で、事業用定期借地権等（①事業用借地権：期間10年以上30年未満、②事業用定期借地権：期間30年以上50年未満）は公正証書によって締結しなければならない。建物譲渡特約付借地権（期間30年以上）の契約は、書面を要しない。
⑨事業用定期借地権は、事業の用に供する建物を所有する目的で設定できる。居住用の建物はこれに含まれない。

目標2分 ○か×か？ 暗記確認ドリル

1 借地借家法（借家）

- ❏❏❏ 事業用の建物には借地借家法が適用されない。 ☞①答 ×
- ❏❏❏ 建物の賃借人は、借家権の登記を備えなければ、借家権を第三者に対抗することができない。 ☞②答 ×
- ❏❏❏ 普通借家契約として1年未満の期間を契約期間として定めた場合は、期間の定めのない契約とみなされる。定期借家契約の場合には、1年未満の期間を契約期間として定めることができる。 ☞③答 ○
- ❏❏❏ 普通借家契約において賃貸人から更新拒絶をする場合には、正当事由を備える必要がある。定期借家契約の場合には、正当事由がなくとも更新を拒絶できる。ただし、公正証書で契約を締結する必要がある。 ☞④答 ×
- ❏❏❏ 定期借家契約を締結するときは、建物の賃貸人は賃借人に対し、あらかじめ、契約の更新がなく期間満了により賃貸借が終了することを、書面を交付して説明しなければならない。 ☞⑤答 ○

2 借地借家法（借地）

- ❏❏❏ 普通借地権の契約期間は最低30年である。建物がなくとも法定更新する。 ☞⑥答 ×
- ❏❏❏ 借地権の登記を有しない借地権者は、借地権を第三者に対抗することができない。 ☞⑦答 ×
- ❏❏❏ 一般定期借地権は、書面で、事業用定期借地権は、公正証書によって締結しなければならない。建物譲渡特約付借地権の契約は、書面を要しない。 ☞⑧答 ○
- ❏❏❏ 事業用定期借地権は、事業の用に供する建物を所有する目的で設定できる。居住用の建物もこれに含まれる。 ☞⑨答 ×

3 不動産の取引(2)

• 199 •

目標5分 過去問・予想問にチャレンジ

【問　題】
借地借家法に規定する定期借地権等の種類や概要に関する下表の空欄（ア）～（ウ）に入る適切な数値または語句を語群の中から選び、その番号のみを解答欄に記入しなさい。なお、同じ数値または語句を何度選んでもよいこととする。

	定期借地権 （第22条）	事業用定期借地権等 （第23条）		建物譲渡特約付 借地権 （第24条）
		事業用定期借地権（第1項）	事業用借地権（第2項）	
存続期間	（ア）年以上	（イ）年以上50年未満	10年以上30年未満	（イ）年以上
利用目的	制限なし	事業用（一部でも居住用があってはならない）		制限なし
契約方式	特約は書面による	（ウ）		制限なし
借地関係の終了	期間の満了	期間の満了		建物の譲渡

＜語群＞
1．10　　2．20　　3．30　　4．50　　5．制限なし
6．特約は書面による　　7．設定を目的とする契約は公正証書による

（実技 2015.9 問9）

【解　説】
正解　（ア）4　（イ）3　（ウ）7
（ア）定期借地権は存続期間を50年以上としなければならない。　⇨⑧
（イ）長期の事業用定期借地権は存続期間が30年以上50年未満である必要がある。　⇨⑧
（ウ）事業用定期借地権等だけは、契約を公正証書で行う必要がある。　⇨⑧

目標5分 過去問・予想問にチャレンジ

【問題】
借地借家法に関する次の記述のうち、最も適切なものはどれか。
1. 建物の賃貸人と賃借人の合意に基づき、賃貸借期間を6ヵ月として普通借家契約を締結した場合、当該契約の賃貸借期間は1年とみなされる。
2. 定期借家契約は、公正証書によって締結しなければ無効となる。
3. 普通借家契約では、賃借権の登記がなくても建物の引渡しがあれば、その後にその建物の所有権を取得した者に対して、賃借人は、建物の賃借権を対抗することができる。
4. 賃貸借期間が1年以上である定期借家契約の賃貸人は、賃貸借期間が満了する3ヵ月前までに、賃借人に対して賃貸借期間の満了により賃貸借が終了する旨の通知をしなければ、その終了を建物の賃借人に対抗することができない。

（学科2016.1 問44改題）

【解説】
正解　3

1. 不適切　1年未満の期間は期間の定めがないものとみなされる。　⇨③
2. 不適切　定期借家契約は書面で締結すればよく、公正証書で締結する必要はない。　⇨④
3. 適切　借家権は登記がなくとも、引渡しをもって第三者に対抗することができる。　⇨②
4. 不適切　定期借家契約の賃貸人は、期間満了の1年前から6ヶ月前の間に賃借人に通知する必要がある。　⇨④

4 不動産の取引(3)

目標5分 覚えるのはたったコレだけ!!

1 宅建業法

①宅地建物の取引を業として行う者は宅建業の免許を受ける必要がある。なお、**自ら貸主**として物件を賃貸する場合はこれに当たらない。

②宅建業者は、売買・交換の媒介の契約を締結したときは、遅滞なく、**媒介契約書**を作成して記名押印し、依頼者にこれを交付しなければならない。

③**専任媒介契約**では、依頼者は他の宅建業者に重ねて媒介の依頼をすることが禁じられるが、**一般媒介契約**では、依頼者は他の宅建業者に重ねて媒介の依頼をすることができる。**専属専任媒介契約**では、依頼者は他の宅建業者に重ねて媒介の依頼をすることのほか、自ら相手方を発見することも禁じられる。

④宅建業者は、**契約を締結する前**に、物件を取得し、借りようとする者に対して取引士をして重要事項の説明をさせなければならない。

⑤宅建業者は、原則として、自ら売主となる不動産の売買契約の締結に際して、代金の額の **10分の2** を超える額の手付金を受領することができない。

⑥**クーリング・オフ**をした買主は、売主である宅建業者に対して損害賠償の義務を負わない。

⑦媒介・代理をした宅建業者の報酬の額には制限がある。例えば、貸借の媒介をした場合には借賃の **1ヶ月分** が上限となる。

目標2分 〇か×か？　暗記確認ドリル

1　宅建業法

☐☐☐ 宅地建物の取引を業として行う者は宅建業の免許を受ける必要がある。<u>自ら貸主</u>として物件を賃貸する場合もこれに当たる。☞①答 ×

☐☐☐ 宅建業者は、売買・交換の媒介の契約を締結したときは、遅滞なく、媒介契約書を作成して記名押印し、依頼者にこれを交付しなければならない。☞②答 〇

☐☐☐ 専任媒介契約では、依頼者は他の宅建業者に重ねて媒介の依頼をすることが禁じられるが、一般媒介契約では、依頼者は他の宅建業者に重ねて媒介の依頼をすることができる。専属専任媒介契約では、依頼者は他の宅建業者に重ねて媒介の依頼をすることのほか、自ら相手方を発見することも禁じられる。☞③答 〇

☐☐☐ 宅建業者は、<u>契約を締結した後</u>、遅滞なく、物件を取得し、借りようとする者に対して取引士をして重要事項の説明をさせなければならない。☞④答 ×

☐☐☐ 宅建業者は、原則として、自ら売主となる不動産の売買契約の締結に際して、代金の額の10分の2を超える額の手付金を受領することができない。☞⑤答 〇

☐☐☐ クーリング・オフをした買主は、売主である宅建業者に対して<u>損害賠償の義務を負う</u>。☞⑥答 ×

☐☐☐ 媒介・代理をした宅建業者の報酬の額には制限がある。例えば、貸借の媒介をした場合には<u>借賃の2ヶ月分</u>が上限となる。☞⑦答 ×

・203・

目標5分 過去問・予想問にチャレンジ

【問 題】
宅地建物取引業法等に関する次の記述のうち、最も適切なものはどれか。なお、本問においては、依頼者は宅地建物取引業者ではないものとする。

1. 賃貸マンションの所有者が、そのマンションの賃貸を自ら業として行う場合、宅地建物取引業の免許は不要である。
2. 一般媒介契約では、依頼者が他の宅地建物取引業者に重ねて売買の媒介を依頼することはできない。
3. 専属専任媒介契約では、依頼者が自ら発見した相手方と売買契約を締結することができる。
4. 宅地建物取引業者が宅地または建物の売買の媒介をする場合は、依頼者の合意が得られれば、依頼者から受け取る報酬の額に制限はない。

(学科 2015.5 問 42)

【解 説】
正解　1

1. **適切**　自ら当事者となって貸借することは宅建業に該当せず、免許は不要である。　⇨①
2. **不適切**　一般媒介契約では、依頼者は他の宅建業者に重ねて媒介を依頼することができる。　⇨③
3. **不適切**　専属専任媒介契約では、依頼者は他の宅建業者に重ねて媒介を依頼することができないことに加え、自ら相手方を探すことも許されない。　⇨③
4. **不適切**　宅建業者が媒介をした場合の報酬額の上限は宅建業法で定められており、依頼者の合意があってもこれを超えることはできない。　⇨⑦

目標5分 過去問・予想問にチャレンジ

【問題】
宅地建物取引業法等に関する次の記述のうち、最も不適切なものはどれか。
1. 賃貸マンションの所有者が、その所有するマンションの賃貸を自ら業として行う場合は、宅地建物取引業の免許が必要となる。
2. 宅地建物取引業者が宅地または建物の売買の媒介をする場合は、買主に対して、売買契約が成立するまでの間に、宅地建物取引士をして、重要事項について、これらの事項を記載した書面を交付して説明をさせなければならない。
3. 一般媒介契約では、依頼者が複数の宅地建物取引業者に重ねて売買の媒介を依頼することができる。
4. 宅地建物取引業者が宅地または建物の売買の媒介をする場合は、依頼者の合意が得られても、依頼者から受け取る報酬の額には制限がある。

(学科 2014.9 問 42 改題)

【解説】
正解 1
1. **不適切** 自ら当事者となって貸借することは宅建業に該当せず、免許は不要である。　⇨①
2. **適切** 宅建業者は、契約が成立するまでに取引士に重要事項の説明をさせなければならない。　⇨④
3. **適切** 一般媒介契約では、依頼者は他の宅建業者に重ねて媒介を依頼することができる。　⇨③
4. **適切** 宅建業者が媒介をした場合の報酬額の上限は宅建業法で定められており、依頼者の合意があってもこれを超えることはできない。　⇨⑦

5 法令上の制限(1)

目標5分 覚えるのはたったコレだけ!!

1 都市計画法

① <u>市街化区域</u>は、すでに市街地を形成している区域およびおおむね10年以内に優先的かつ計画的に市街化を図るべき区域である。
② <u>市街化調整区域</u>は、市街化を抑制すべき区域である。
③ 都市計画区域には、区域区分（市街化区域と市街化調整区域の区分）を定めない、<u>非線引き区域</u>がある。
④ 市街化区域には用途地域を<u>定め</u>、市街化調整区域には原則として用途地域を<u>定めない</u>。用途地域は、住居系7地域、商業系2地域、工業系3地域の合計12地域である。
⑤ 開発行為とは、主として<u>建築物の建築</u>または<u>特定工作物の建設</u>の用に供する目的で行う土地の区画形質の変更をいう。都市計画区域または準都市計画区域内において開発行為をしようとする者は、原則として、あらかじめ都道府県知事等の許可を受けなければならない。
⑥ 開発許可を受けた場合であっても、<u>建築確認</u>が不要になるわけではない。
⑦ 市街化区域内において行う開発行為のうち、原則として、その開発に係る規模が <u>1,000㎡以上</u> であるものは都道府県知事等の許可を受けなければならない。
⑧ 市街化調整区域内において行う開発行為のうち、<u>農林漁業</u>の用に供する建築物を建築する目的で行う開発行為は、都道府県知事等の許可を受ける必要はない。
⑨ 土地区画整理事業の施行、市街地再開発事業の施行、都市計画事業の施行として行う開発行為は、都道府県知事等の許可を受ける必要は<u>ない</u>。

目標2分 ○か×か？　暗記確認ドリル

1　都市計画法

☐☐☐　市街化区域は、すでに市街地を形成している区域およびおおむね10年以内に優先的かつ計画的に市街化を図るべき区域である。　☞①答○

☐☐☐　市街化調整区域は、市街化を禁止すべき区域である。　☞②答×

☐☐☐　都市計画区域は、必ず区域区分しなければならない。　☞③答×

☐☐☐　市街化区域には用途地域を定め、市街化調整区域には原則として用途地域を定めない。　☞④答○

☐☐☐　開発行為とは、主として建築物の建築または特定工作物の建設の用に供する目的で行う土地の区画形質の変更をいう。都市計画区域または準都市計画区域内において開発行為をしようとする者は、原則として、あらかじめ都道府県知事等の許可を受けなければならない。　☞⑤答○

☐☐☐　開発許可を受けた場合、建築確認が不要となる。　☞⑥答×

☐☐☐　市街化区域内において行う開発行為のうち、原則として、その開発に係る規模が500㎡以上であるものは都道府県知事等の許可を受けなければならない。　☞⑦答×

☐☐☐　市街化調整区域内において行う開発行為のうち、農林漁業の用に供する建築物を建築する目的で行う開発行為は、都道府県知事等の許可を受ける必要はない。　☞⑧答○

☐☐☐　土地区画整理事業の施行、市街地再開発事業の施行、都市計画事業の施行として行う開発行為は、都道府県知事等の許可を受ける必要はない。　☞⑨答○

目標5分 過去問・予想問にチャレンジ

【問題】
都市計画法に関する次の記述のうち、最も適切なものはどれか。
1. 都市計画区域には、都市計画に区域区分（市街化区域・市街化調整区域）が定められていない区域がある。
2. すべての都市計画は、都道府県知事または国土交通大臣により定められている。
3. 用途地域は、土地の計画的な利用を図るために定められるもので、住居の環境を保護するための7地域と工業の利便を増進するための3地域の合計10地域とされている。
4. 準都市計画区域は、都市計画区域内において、おおむね10年以内に優先的かつ計画的に市街化を図るべき区域として指定された区域である。

（学科 2015.5 問 45）

【解説】　　　　　　　　　　　　　　　　　　　　▶一発必中法
正解　1
1. 適切　区域区分を定めない都市計画区域があり、これを非線引区域という。　⇨③
2. 不適切　都市計画は、都道府県または市町村が定める。
3. 不適切　用途地域は、住居系7地域、商業系2地域、工業系3地域の合計12地域である。　⇨④
4. 不適切　準都市計画区域は、都市計画区域外で定める。市街化を図るべき区域は市街化区域である。　⇨①

目標5分 過去問・予想問にチャレンジ

【問題】
次のうち、都市計画法により都道府県知事等の開発許可を受ける必要があるものはどれか。
1. 青空駐車場に供する目的で行う土地の造成
2. 土地の単なる分筆を目的とした権利区画の変更
3. 市街化区域内で行う 3,000 ㎡の開発行為
4. 土地区画整理事業の施行として行う開発行為

（学科 2016.1 問 45）

【解説】
正解　3
1. 不要　開発許可が必要な開発行為とは、建築物の建築または特定工作物の工作を目的とした土地の区画形質の変更をいう。青空駐車場は建築物にも特定工作物にも該当しないため、これに当たらない。したがって、許可は不要である。　⇨⑤
2. 不要　土地の単なる分筆も開発行為に該当しないため、許可は不要である。　⇨⑤
3. 必要　市街化区域内で面積 1,000 ㎡以上の開発行為を行う場合には、開発許可が必要である。　⇨⑦
4. 不要　開発行為を行う場合であっても、土地区画整理事業の施行として行う場合には、開発許可は不要である。　⇨⑨

6 法令上の制限(2)

目標5分 覚えるのはたったコレだけ!!

1 建築基準法

①都市計画区域および準都市計画区域内の建築物の敷地は、原則として、幅員 4 m 以上の道路に 2 m 以上接しなければならない。幅員4m未満の道路については、原則として、その中心線からの水平距離で 2 m 後退した線がその道路の境界線とみなされる。

②建築物の敷地が2つの異なる用途地域にわたる場合、その敷地の全部について、敷地の過半の属する用途地域の用途に関する規定が適用される。

③建ぺい率とは、建築物の建築面積の敷地面積に対する割合をいう。防火地域内の耐火建築物については 10％（建ぺい率が80％の地域については20％）緩和される。特定行政庁が指定する角地の場合も、10％緩和される。

④容積率とは、建築物の延べ面積の敷地面積に対する割合をいう。前面道路の幅員が 12 m 未満の場合には、都市計画で定められた数値の他、幅員に応じた制限を受ける。

⑤建築物の敷地が建ぺい率（容積率）の異なる地域にわたる場合の建ぺい率（容積率）は、各地域の建築物の建ぺい率（容積率）の限度に各地域の面積の敷地面積に対する割合を乗じて得たものの合計以下でなければならない。

⑥建築物が防火地域および準防火地域にわたる場合においては、原則として、その全部について防火地域内の建築物に関する規定が適用される。

目標2分 ○か×か？ 暗記確認ドリル

1 建築基準法

☐☐☐ 都市計画区域および準都市計画区域内の建築物の敷地は、原則として、幅員4m以上の道路に2m以上接しなければならない。幅員4m未満の道路については、原則として、その中心線からの水平距離で2m後退した線がその道路の境界線とみなされる。　☞①答○

☐☐☐ 建築物の敷地が2つの異なる用途地域にわたる場合、その敷地の全部について、敷地の過半の属する用途地域の用途に関する規定が適用される。　☞②答○

☐☐☐ 建ぺい率とは、建築物の建築面積の敷地面積に対する割合をいう。防火地域内の耐火建築物については5%（建ぺい率が80%の地域については20%）緩和される。特定行政庁が指定する角地の場合も5%緩和される。　☞③答×

☐☐☐ 容積率とは、建築物の延べ面積の敷地面積に対する割合をいう。前面道路の幅員が20m未満の場合には、幅員に応じた制限を受ける。　☞④答×

☐☐☐ 建築物の敷地が建ぺい率（容積率）の異なる地域にわたる場合の建ぺい率（容積率）は、各地域の建築物の建ぺい率（容積率）の限度に各地域の面積の敷地面積に対する割合を乗じて得たものの合計以下でなければならない。　☞⑤答○

☐☐☐ 建築物が防火地域および準防火地域にわたる場合においては、原則として、敷地の過半の属する地域内の建築物に関する規定が適用される。　☞⑥答×

目標5分 過去問・予想問にチャレンジ

【問題】
建築基準法に従い下記<資料>の土地に耐火建築物を建てる場合、建築面積の最高限度（ア）と延べ面積の最高限度（イ）の組み合わせとして、正しいものはどれか。なお、記載のない条件については一切考慮しないこととする。

<資料>

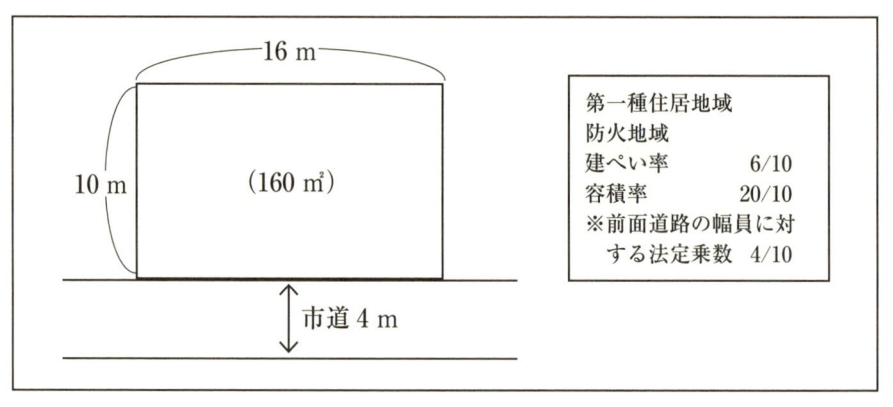

```
         16 m
    ┌──────────┐
10 m│ (160 ㎡) │
    └──────────┘
       ↕
     市道 4 m
```

第一種住居地域
防火地域
建ぺい率　　　6/10
容積率　　　　20/10
※前面道路の幅員に対する法定乗数　4/10

1．（ア）　96 ㎡　（イ）256 ㎡
2．（ア）　96 ㎡　（イ）320 ㎡
3．（ア）112 ㎡　（イ）256 ㎡
4．（ア）112 ㎡　（イ）320 ㎡

（実技 2015.5 問 8）

目標5分 過去問・予想問にチャレンジ

【解　説】

正解　3

(ア) 建築面積の最高限度を求めるためには建ぺい率の上限を求める必要がある。

建ぺい率は原則として都市計画で定められるが、本問のように防火地域内の耐火建築物については1/10緩和される。

したがって、6/10 + 1/10 = 7/10 となる。

敷地面積は160㎡なので、建築面積の最高限度は、

160㎡ × 7/10 = 112㎡となる。　　⇨③

(イ) 延べ面積の最高限度を求めるためには容積率の上限を求める必要がある。

容積率は、都市計画で定められた値と（前面道路の幅員が12m未満の場合には）幅員 × 法定乗数のいずれか小さいほうが上限である。

都市計画で定められた値：20/10

前面道路の幅員による制限：4 × 4/10 = 16/10

したがって、16/10がこの敷地の容積率となる。

よって、160㎡ × 16/10 = 256㎡が延べ面積の最高限度となる。　　⇨④

7 法令上の制限(3)

目標5分 覚えるのはたったコレだけ!!

1 区分所有法

①**専有部分**とは、区分所有権の目的たる建物の部分(マンションの各部屋)をいう。

②**共用部分**とは、専有部分以外の建物をいい、法律上当然に共用部分とされる**法定共用部分**(例:エレベーター、バルコニー)と規約によって共用部分とされる**規約共用部分**(例:集会室)に分けられる。共用部分の共有持分は、**専有部分の床面積**の割合による。不動産登記法上、床面積は内側線による。壁芯面積の方が広くなる。

③専有部分と共用部分、敷地に関する権利は原則として分離して処分することができない。

④建物や敷地などの管理または使用に関する区分所有者相互間の事項は、区分所有法に定めるもののほか、規約で定めることができる。規約の設定・変更・廃止は、区分所有者および議決権の**各4分の3**以上の多数による集会の決議によって行う。

⑤集会においては、区分所有者および議決権の**各5分の4**以上の多数で、建物を取り壊し、新たに建物を建築する旨の決議(建替え決議)をすることができる。5分の4の決議が必要なのは、建替え決議だけである。

⑥区分所有建物を購入し、区分所有者となった者は管理組合の組合員となる(**強制加入**)。また、区分所有者となった者は前所有者の**滞納管理費**の支払義務を負う。

目標2分 ○か×か？　暗記確認ドリル

1 区分所有法

☐☐☐ 専有部分とは、区分所有権の目的たる建物の部分（マンションの各部屋）をいう。　☞①答○

☐☐☐ 共用部分とは、専有部分以外の建物をいい、法律上当然に共用部分とされる法定共用部分（例：エレベーター、バルコニー）と規約によって共用部分とされる規約共用部分（例：集会室）に分けられる。共用部分の共有持分は、専有部分の購入価格の割合による。　☞②答×

☐☐☐ 専有部分と共用部分、敷地に関する権利は原則として分離して処分することができる。　☞③答×

☐☐☐ 建物や敷地などの管理または使用に関する区分所有者相互間の事項は、区分所有法に定めるもののほか、規約で定めることができる。規約の設定・変更・廃止は、区分所有者および議決権の各4分の3以上の多数による集会の決議によって行う。　☞④答○

☐☐☐ 集会においては、区分所有者全員の同意で、建物を取り壊し、新たに建物を建築する旨の決議（建替え決議）をすることができる。　☞⑤答×

☐☐☐ 区分所有建物を購入し、区分所有者となった者は管理組合の組合員となる（強制加入）。また、区分所有者となった者は前所有者の滞納管理費の支払義務を負う。　☞⑥答○

7　法令上の制限(3)

・215・

目標5分 過去問・予想問にチャレンジ

【問題】
下記<資料>は、井上さんが購入を検討している中古マンションのインターネット上の広告（抜粋）である。この広告の内容等に関する次の記述のうち、最も適切なものはどれか。

<資料>

××マンション（中古マンション）			
所在地	東京都○○区□□町3丁目3番	間取り	2LDK
交通	△△線××駅から徒歩10分	総戸数	75戸
価格	3,980万円	築年月	平成14年10月
専有面積	72.36㎡（壁芯）	土地の権利	所有権
バルコニー	8.34㎡	管理費（月額）	18,000円
階／階建て	5階／9階	修繕積立金（月額）	10,800円
構造	鉄筋コンクリート造	取引形態	媒介

1. この広告の物件の専有面積は壁芯面積で記載されているが、これは、登記簿上の面積より小さい。
2. この物件の現在の区分所有者が管理費を滞納していても、この物件を新たに購入した井上さんに、管理費の滞納分の支払い義務が生じることはない。
3. 広告に記載された専有面積は、バルコニー面積を含まない。
4. 井上さんがこの物件を購入した場合、管理組合の構成員となるかどうか任意に選択することができる。

（実技 2016.1 問8）

【解説】
正解　3

1. **不適切**　不動産登記法上、区分所有建物の床面積は内側線（壁の内側の線）で示される。壁の中心である壁芯面積の方が広くなる。　⇨②
2. **不適切**　前所有者が管理費を滞納した場合、新所有者が支払義務を負う。　⇨⑥
3. **適切**　バルコニーは共用部分であり、専有面積には含まれない。　⇨②
4. **不適切**　区分所有建物の所有者は強制的に管理組合の構成員となる。選択することはできない。　⇨⑥

目標5分 過去問・予想問にチャレンジ

【問 題】
次のうち、建物の区分所有等に関する法律により、区分所有者および議決権の各5分の4以上の賛成による集会の決議によらなければならないとされている集会の議事はどれか。
1．共用部分の変更
2．規約の変更
3．管理組合法人の設立
4．区分所有建物の建替え

（学科 2015.1 問 47）

【解 説】
正解　4

5分の4の賛成が必要なのは建替えのみである。　⇨⑤
その他の選択肢は、原則として区分所有者および議決権の各4分の3以上の賛成による集会の決議を必要とする。

8 不動産の取得・保有に関する税金

目標5分 覚えるのはたったコレだけ!!

1 取得に関する税金

①不動産を取得する場合には、**有償・無償**を問わず、不動産取得税が課せられ、**都道府県**に納税する。ただし、**相続・包括遺贈・法人の合併**による取得の場合には非課税とされる。

②一定の新築物件を取得した場合、不動産取得税の課税標準から**1,200万円**が控除される。

③不動産を取得し、**所有権移転登記**を行う場合には登録免許税が課される。相続により取得した場合も同様である。表題登記には課税されない。

④不動産の売買契約を締結し、売買契約書の原本を2通作成して売主・買主のそれぞれが所持する場合、**双方**の契約書について印紙税を納付する必要がある。

2 保有に関する税金

⑤毎年**1月1日**現在において土地・家屋の所有者として固定資産課税台帳に登録されている者は、固定資産税の納税義務者となり、**市町村**に納税する。

⑥固定資産税の課税標準は、**固定資産課税台帳**に記載された固定資産税評価額である。なお、**不動産取得税**の課税標準も固定資産税評価額である。

⑦土地・家屋の固定資産税の標準税率は**1.4％**と定められているが、各市町村は条例によってこれと異なる税率を定めることができる。

⑧住宅用地のうち**小規模住宅用地**（住宅1戸当たり**200㎡**までの部分）については、固定資産税の課税標準となるべき価格の**6分の1**の額が課税標準とされる。それ以外の住宅用地については**3分の1**の額が課税標準となる。

⑨都市計画税は、市街化区域にある土地・家屋の所有者に課される税金である。標準税率は、**0.3％**である。

目標2分 〇か×か？ 暗記確認ドリル

1 取得に関する税金

☐☐☐ 不動産を取得する場合には、不動産取得税が課せられる。ただし、無償で取得した場合には非課税とされる。　☞① 答 ×

☐☐☐ 一定の新築物件を取得した場合、不動産取得税の課税標準から1,500万円が控除される。　☞② 答 ×

☐☐☐ 不動産を取得し、所有権移転登記を行う場合には登録免許税が課される。相続の場合は除く。　☞③ 答 ×

☐☐☐ 不動産の売買契約を締結し、売買契約書の原本を2通作成して売主・買主のそれぞれが所持する場合、双方の契約書について印紙税を納付する必要がある。　☞④ 答 〇

2 保有に関する税金

☐☐☐ 毎年4月1日現在において土地・家屋の所有者として固定資産課税台帳に登録されている者は固定資産税の納税義務者となる。　☞⑤ 答 ×

☐☐☐ 固定資産税の課税標準は固定資産課税台帳に記載された固定資産税評価額である。なお、不動産取得税の課税標準も固定資産税評価額である。　☞⑥ 答 〇

☐☐☐ 土地・家屋の固定資産税の標準税率は1.4%と定められているが、各市町村は条例によってこれと異なる税率を定めることができる。　☞⑦ 答 〇

☐☐☐ 住宅用地のうち小規模住宅用地（住宅1戸当たり300 ㎡までの部分）については、固定資産税の課税標準となるべき価格の6分の1の額が課税標準とされる。それ以外の住宅用地については3分の1の額が課税標準となる。　☞⑧ 答 ×

☐☐☐ 都市計画税は、市街化区域にある土地・家屋の所有者に課される税金である。標準税率は0.3%である。　☞⑨ 答 〇

目標5分 過去問・予想問にチャレンジ

【問題】

広志さんは、住宅購入後に新たに負担することになる税金について、FPの佐久間さんに相談した。

税目	概要
（ア）	取得した住宅や土地の登記を申請する際に負担する。
（イ）	住宅購入時の売買契約書や住宅ローンを組む際の金銭消費貸借契約書の作成時に負担する。
（ウ）	土地や家屋を、売買、贈与、交換、建築（新築・増築・改築）などによって取得したときに負担する。
（エ）	1月1日時点の住宅の所有者が毎年負担する。

住宅の購入や所有に係る税金に関する下表の空欄（ア）〜（エ）にあてはまる語句の組み合わせとして、最も適切なものはどれか。

1. （ア）印紙税　（イ）登録免許税　（ウ）固定資産税　（エ）不動産取得税
2. （ア）印紙税　（イ）登録免許税　（ウ）不動産取得税　（エ）固定資産税
3. （ア）登録免許税　（イ）印紙税　（ウ）不動産取得税　（エ）固定資産税
4. （ア）登録免許税　（イ）印紙税　（ウ）固定資産税　（エ）不動産取得税

（実技 2015.9 問30）

【解説】

正解　3

（ア）登記の際、必要となるのは登録免許税である。　⇨③
（イ）一定の売買契約書・金銭消費貸借契約書などには印紙税が必要となる。　⇨④
（ウ）不動産の取得時にかかるのは不動産取得税である。　⇨①
（エ）1月1日現在に不動産を所有する者は固定資産税を負担する。　⇨⑤

過去問・予想問にチャレンジ（目標5分）

【問題】
不動産取得税に関する次の記述の空欄（ア）〜（エ）にあてはまる語句または数値の組み合わせとして、正しいものはどれか。なお、本問における新築住宅は、認定長期優良住宅には該当しないものとする。

- 不動産（土地、家屋）の所有権を取得した者に対して、その不動産のある（ア）が課税する。
- 相続による取得の場合、課税の対象と（イ）。
- 課税標準は、原則として（ウ）である。
- 一定の条件を満たした新築住宅の場合、（ウ）から（エ）万円を控除することができる。

1. （ア）都道府県　（イ）なる　　　（ウ）相続税評価額　　（エ）1,500
2. （ア）都道府県　（イ）ならない　（ウ）固定資産税評価額　（エ）1,200
3. （ア）市町村　　（イ）なる　　　（ウ）相続税評価額　　（エ）1,200
4. （ア）市町村　　（イ）ならない　（ウ）固定資産税評価額　（エ）1,500

（実技 2015.5 問10）

【解説】
正解　**2**

（ア）不動産取得税は（都）道府県税である。　⇨①
（イ）課税対象は不動産の取得であるが、相続はこれに含まれない。　⇨①
（ウ）課税標準は固定資産税評価額である。　⇨⑥
（エ）一定の新築物件については、課税標準から1,200万円控除される。　⇨②

9 不動産の譲渡に関する税金

目標5分 覚えるのはたったコレだけ!!

1 譲渡に関する税金

①不動産の譲渡所得は、分離課税であり、**譲渡収入−(譲渡費用＋取得費)−特別控除**で算出される。取得費には取得の際に納付した**登録免許税**や**不動産取得税**が含まれるが、取得費が不明の場合には、譲渡収入金額の**5%**相当額を取得費として計算することができる。**固定資産税**や**都市計画税**の納付税額は、譲渡費用には該当しないが、譲渡に直接要した**仲介手数料**は、これに当たる。

②土地・建物の譲渡所得における長期譲渡所得とは、譲渡した年の**1月1日**現在で所有期間が5年を超えているものをいい、5年以下のものを短期譲渡所得という。

③居住用財産を譲渡した場合には、その所有期間の長短を問わず譲渡所得から**3,000万円**控除される。ただし、配偶者、子どもなど一定の関係にある者への譲渡は含まれない。また、**3年**に1回のみ適用を受けることができる。

④譲渡した年の属する年の1月1日現在において所有期間が**10年**を超える居住用財産を譲渡した場合には、居住用財産を譲渡した場合の長期譲渡所得の課税の特例(軽減税率の特例)の適用を受けることができる。

⑤3,000万円控除と居住用財産を譲渡した場合の軽減税率の特例は**併用することができる**。

⑥特定の居住用財産の買換えの場合の長期譲渡所得の課税の特例は、居住用財産を譲渡した日の属する年の1月1日における所有期間が**10年**を超えている場合に適用を受けることができる。

⑦被相続人の居住用家屋が被相続人の死亡によって空き家となり、それを相続した者が当該家屋を相続開始日から**3年**を経過する日が含まれる年の**12月31日**までに売却した場合、譲渡所得から**3,000万円**控除される。相続税を譲渡資産の取得費に加算する特例との**選択適用**となる。

目標2分 ○か×か？ 暗記確認ドリル

1 譲渡に関する税金

☐☐☐ 不動産の譲渡所得は、譲渡収入 －（譲渡費用＋取得費）－特別控除で算出される。取得費が不明の場合には、譲渡収入金額の5％相当額を取得費として計算することができる。固定資産税や都市計画税の納付税額、また、譲渡に直接要した仲介手数料は、譲渡費用には該当しない。
☞①答 ×

☐☐☐ 土地・建物の譲渡所得の計算における長期譲渡所得とは、譲渡した日現在で所有期間が5年を超えているものをいい、5年以下のものを短期譲渡所得という。 ☞②答 ×

☐☐☐ 居住用財産を譲渡した場合には、譲渡所得から3,000万円控除される。ただし、配偶者、子どもなど一定の関係にある者への譲渡は含まれない。また、5年に1回のみ適用を受けることができる。 ☞③答 ×

☐☐☐ 譲渡した年の属する年の1月1日現在において所有期間が5年を超える居住用財産を譲渡した場合には、居住用財産を譲渡した場合の長期譲渡所得の課税の特例（軽減税率の特例）の適用を受けることができる。
☞④答 ×

☐☐☐ 3,000万円控除と居住用財産を譲渡した場合の軽減税率の特例は併用することができない。 ☞⑤答 ×

☐☐☐ 特定の居住用財産の買換えの場合の長期譲渡所得の課税の特例は、居住用財産を譲渡した日の属する年の1月1日における所有期間が5年を超えている場合に適用を受けることができる。 ☞⑥答 ×

☐☐☐ 被相続人の居住用家屋が被相続人の死亡によって空き家となり、それを相続した者が当該家屋を相続開始日から3年を経過する日が含まれる年の12月31日までに売却した場合、譲渡所得から3,000万円控除される。相続税を譲渡資産の取得費に加算する特例と併用することができる。
☞⑦答 ×

9 不動産の譲渡に関する税金

目標5分 過去問・予想問にチャレンジ

【問題】
下記＜資料＞に基づき、土地（居住用ではない）を譲渡した場合の譲渡所得に係る所得税および住民税の合計額を計算しなさい。なお、この譲渡は国や地方公共団体等へのものではなく、収用交換によるものでもない。また、＜資料＞に記載のない条件や復興特別所得税は考慮しない。

＜資料＞

- 取得の日：平成21年（2009年）10月6日
- 譲渡の日：平成26年（2014年）11月26日
- 課税譲渡所得金額：1,200万円

［土地建物等の譲渡所得に係る税率］

	所得税	住民税
課税長期譲渡所得	15%	5%
課税短期譲渡所得	30%	9%

（実技2015.1 問9）

【解説】
正解　468万円

長期譲渡所得に当たるか否かは、譲渡した年の1月1日現在での所有期間が5年を超えるか否かで判断する。　⇨②
本問では5年を超えないため、短期譲渡所得として合計39％の税率で課税される。
したがって、1,200万円 ×39％＝468万円　となる。

目標5分 過去問・予想問にチャレンジ

【問 題】
個人が土地を譲渡したことによる譲渡所得に係る所得税の取扱いに関する次の記述のうち、最も不適切なものはどれか。
1．居住の用に供する土地を取得した際に納付した登録免許税および不動産取得税は、譲渡所得の金額の計算上、取得費に含まれる。
2．土地を譲渡する際に直接要した仲介手数料は、譲渡所得の金額の計算上、譲渡費用に含まれる。
3．平成22年7月に購入した土地を平成27年10月に譲渡した場合、その土地の譲渡に係る所得は長期譲渡所得に区分される。
4．土地の譲渡に係る譲渡所得は、その所有期間の長短にかかわらず、分離課税の対象となる。

（学科 2016.1 問 49）

【解 説】
正解 3
1．適 切 土地を取得した際に納付した登録免許税および不動産取得税は、取得費に含まれる。　⇨①
2．適 切 土地を譲渡する際に直接要した仲介手数料は、譲渡費用に含まれる。　⇨①
3．不適切 長期譲渡所得に当たるか否かは、譲渡した年の1月1日現在での所有期間が5年を超えるか否かで判断する。　⇨②
4．適 切 不動産の譲渡にかかる譲渡所得は、分離課税の対象となる。　⇨①

10 不動産の賃貸に関する税金、消費税・不動産の有効活用

目標5分 覚えるのはたったコレだけ!!

1 不動産の賃貸に関する税金、消費税

①不動産所得は、<u>総収入金額－必要経費</u>で算出される。

②借地権の設定の対価として支払を受ける<u>権利金</u>の額が、その土地の価額の<u>2分の1</u>を超える場合、原則として、その権利金の額は不動産所得ではなく、<u>譲渡所得</u>となる。

③固定資産税、損害保険料、減価償却費、修繕費、不動産購入のための<u>借入金の利息</u>は、経費に含まれる。

④不動産所得の金額の計算上生じた損失のうち、土地を取得するために要した負債の利子の額に相当する金額については、<u>損益通算</u>の対象とならない。

⑤<u>土地</u>の譲渡・貸付け、<u>居住用家屋</u>の貸付け（貸付期間1カ月未満のものを除く）には消費税は課されない。

2 不動産の有効活用

⑥<u>自己建設方式</u>は、土地所有者が自らの資金で建物を建設し、自ら事業を推進する土地の有効活用の手法である。土地所有権にも変動は生じない。

⑦<u>事業受託方式</u>では、土地所有者が土地を所有し、自らの資金で建物を建設し、受託者である不動産開発業者等に事業に必要な業務を委託する。

⑧<u>等価交換方式</u>には、全部譲渡方式と部分譲渡方式がある。全部譲渡方式の場合には、土地所有者はすべての土地を譲渡するが、部分譲渡方式の場合には、土地の共有持分を譲渡することとなる。

⑨等価交換方式では、土地所有者は土地（借地権・底地を含む）を提供し、ディベロッパーは建物の建設費を負担する。建物は、<u>土地の価格</u>と<u>建設費</u>に応じて、土地所有者とディベロッパーとで共有する。

⑩<u>定期借地権方式</u>は、土地所有者に所有権をとどめたまま、借地権を設定し、借地人が自らの資金で建物を建設し、事業を推進する土地の有効活用の手法である。

目標2分 ○か×か？ 暗記確認ドリル

1 不動産の賃貸に関する税金、消費税

☐☐☐ 不動産所得は、総収入金額－必要経費で算出される。 ☞①答○

☐☐☐ 借地権の設定の対価として支払を受ける権利金の額が、その土地の価額の2分の1を超える場合、その権利金の額は<u>不動産所得</u>となる。 ☞②答×

☐☐☐ 固定資産税、損害保険料、減価償却費、修繕費、不動産購入のための借入金の利息は、経費に含まれる。 ☞③答○

☐☐☐ 不動産所得の金額の計算上生じた損失のうち、土地を取得するために要した負債の利子の額に相当する金額については、<u>損益通算の対象</u>となる。 ☞④答×

☐☐☐ 居住用および<u>店舗用建物</u>の貸付けには消費税は課されない。 ☞⑤答×

2 不動産の有効活用

☐☐☐ 自己建設方式は、土地所有者が自らの資金で建物を建設し、自ら事業を推進する土地の有効活用の手法である。土地所有権にも変動は生じない。 ☞⑥答○

☐☐☐ 事業受託方式では、土地所有者が土地を所有し、自らの資金で建物を建設し、受託者である不動産開発業者等に事業に必要な業務を委託する。 ☞⑦答○

☐☐☐ 等価交換方式には、全部譲渡方式と部分譲渡方式がある。全部譲渡方式の場合には、土地所有者はすべての土地を譲渡するが、部分譲渡方式の場合には、土地の共有持分を譲渡することとなる。 ☞⑧答○

☐☐☐ 等価交換方式では、土地所有者は土地を提供し、ディベロッパーは建物の建設費を負担する。建物は、土地所有者の<u>単独所有</u>となる。 ☞⑨答×

☐☐☐ 定期借地権方式は、土地所有者に所有権をとどめたまま、借地権を設定し、借地人が自らの資金で建物を建設し、事業を推進する土地の有効活用の手法である。 ☞⑩答○

目標5分 過去問・予想問にチャレンジ

【問題】
Aさんは、所有する土地に貸しビルを建設することを検討している。土地の有効活用の手法の一般的な特徴についてまとめた下表の空欄（ア）〜（ウ）にあてはまる語句の組み合わせとして、最も適切なものはどれか。

有効活用の手法	土地売却（交換）の有無	事業推進主体	建設資金のAさんの負担の要否
自己建設方式	なし	Aさん	必要
事業受託方式	（ア）	デベロッパー	必要
等価交換方式	あり	（イ）	不要
定期借地権方式	なし	借地人	（ウ）

1. （ア）あり　（イ）デベロッパー　（ウ）必要
2. （ア）あり　（イ）Aさん　（ウ）不要
3. （ア）なし　（イ）Aさん　（ウ）必要
4. （ア）なし　（イ）デベロッパー　（ウ）不要

（学科 2015.9 問49）

【解説】
正解　4

（ア）自己建設方式、事業受託方式ともに土地の所有権に変動はない。ただし、事業主体は、自己建設方式が土地所有者であるのに対し、事業受託方式はデベロッパーとなる。　⇨⑥⑦
（イ）等価交換方式では、土地の所有権が変動し、事業主体はデベロッパーとなる。　⇨⑨
（ウ）定期借地権方式の場合には、事業主体は借地人であり、土地所有者が建設資金を負担する必要はない。　⇨⑩

目標5分 過去問・予想問にチャレンジ

【問　題】
不動産の有効活用手法の一つである等価交換方式に関する次の記述のうち、最も適切なものはどれか。
1．等価交換方式では、土地所有者は、有効活用の対象となる土地の全部をディベロッパーに対していったん譲渡しなければならない。
2．等価交換方式では、所有権を有する土地だけでなく、借地権や底地であっても、等価交換の対象となる。
3．等価交換方式により、土地所有者は、建物の建設資金を負担することなく、譲渡する土地の上に建設される建物の全部を取得することができる。
4．土地所有者は、「特定の事業用資産の買換えの場合の譲渡所得の課税の特例」の適用を受けることにより、譲渡した土地に対する所得税を非課税とすることができる。

（学科 2015.1 問 50）

【解　説】
正解　2
1．不適切　等価交換方式では、土地所有権を譲渡する必要があるが、土地の全てではない。 ⇨⑧
2．適　切　土地所有権のみならず、借地権、底地も等価交換の対象となる。 ⇨⑨
3．不適切　土地所有者は建設資金を負担する必要はないが、建物の全ては取得できない。 ⇨⑨
4．不適切　「特定の事業用資産の買換えの場合の譲渡所得の課税の特例」を受けても課税を繰り延べるだけで、非課税となるわけではない。

11 不動産の投資判断

目標5分 覚えるのはたったコレだけ！！

1 不動産の投資判断

① 不動産投資の際のデュー・デリジェンスとは、一般に、投資対象の経済的・法律的・物理的側面等に関する詳細かつ多面的な調査をいう。

② レバレッジ効果とは、投資対象となる不動産の利回りよりも低い金利の借入金を調達することにより、投資利回りを上昇させる効果をいう。

③ 表面利回りとは、賃料収入（年額）の総額を物件価格で除した数値である。一方、実質利回りとは、賃料収入（年額）の総額から管理費や固定資産税などの経費を差し引いたものを、物件価格に仲介手数料や登録免許税などの購入時の経費を足したもので除した数値である。

④ DCF法は、保有期間中の純収益の現在価値の総和と、保有期間満了時点における対象不動産の価格の現在価値を合算して、不動産の収益価格を求める手法である。

⑤ NPV法（正味現在価値法）による投資判断においては、投資不動産から得られる収益の現在価値の合計額が投資額の現在価値の合計額を上回っている場合、その投資は有利であると判定することができる。

⑥ IRR法（内部収益率法）による投資判断においては、投資家の期待収益率が内部収益率を上回っている場合、その投資は有利であると判定することができる。

⑦ DSCR（借入金償還余裕率）は、借入金の年間元利返済額を元利金返済前の年間キャッシュフロー（純収益）で除した比率であり、この比率が低いほど望ましいとされる。

目標2分 ○か×か？ 暗記確認ドリル

1 不動産の投資判断

☐☐☐ 不動産投資の際のデュー・デリジェンスとは、一般に、投資対象の経済的・法律的・物理的側面等に関する詳細かつ多面的な調査をいう。☞①答○

☐☐☐ レバレッジ効果とは、投資対象となる不動産の利回りよりも高い金利の借入金を調達することにより、投資利回りを上昇させる効果をいう。
☞②答×

☐☐☐ 実質利回りとは、賃料収入（年額）の総額を物件価格で除した数値である。☞③答×

☐☐☐ DCF法は、保有期間中にの純収益の現在価値の総和と、保有期間満了時点における対象不動産の価格の現在価値を合算して、不動産の収益価格を求める手法である。☞④答○

☐☐☐ NPV法（正味現在価値法）による投資判断においては、投資額の現在価値の合計額が投資不動産から得られる収益の現在価値の合計額を上回っている場合、その投資は有利であると判定することができる。
☞⑤答×

☐☐☐ IRR法（内部収益率法）による投資判断においては、内部収益率が投資家の期待収益率を上回っている場合、その投資は有利であると判定することができる。☞⑥答×

☐☐☐ DSCR（借入金償還余裕率）は、借入金の年間元利返済額を元利金返済前の年間キャッシュフロー（純収益）で除した比率であり、この比率が高いほど望ましいとされる。☞⑦答×

過去問・予想問にチャレンジ 目標5分

【問 題】
布施さんは、下記＜資料＞の投資用マンションについて購入を検討しており、ＦＰである大垣さんに質問をした。次の記述の空欄（ア）に入る数値を解答欄に記入しなさい。なお、下記＜資料＞に記載のない事項については一切考慮しないこととし、計算結果については万円未満を四捨五入すること。

＜資料＞

- 購入費用総額：2,000万円（消費税と仲介手数料等取得費用を含めた金額）
- 想定される賃料（月額）：100,000円
- 運営コスト（月額）：管理費等 10,000円
  　　　　　　　　　　家賃代行手数料：月額賃料の5％
- 想定される固定資産税（年額）：70,000円

布施さん：「＜資料＞の投資用マンションの購入を検討しています。外観や雰囲気が良く、気に入ったのですが、利回りについてもしっかりと考えておかなければならないと思っています。」
大垣さん：「＜資料＞のマンションの場合、実質利回りは4.75％になりますね。」
布施さん：「できれば、実質利回りで5.0％をひとつの目安にしたいと考えています。」
大垣さん：「＜資料＞のマンションの場合、賃料や運営コストなどが想定どおりであれば、購入費用の総額が（ア）万円になれば実質利回りは5.0％になりますね。」

（実技 2015.5 問9）

目標5分 過去問・予想問にチャレンジ

【解　説】

正解　1,900万円

本問は、実質利回りを考察する問題であり、賃料収入から経費を引く必要がある。　⇨③

資料の投資用マンションの賃料収入（年額）は、10万円×12 = 120万円である。
一方、支出は、
- 管　理　費：1万円×12 = 12万円
- 家賃代行手数料：10万円×5%×12 = 6万円
- 固定資産税：7万円

であり、合計25万円である。
よって、年間の収支は、120万円 − 25万円 = 95万円である。
95万円で実質利回りが5.0%となればよいので、
95万円÷5.0% = 1,900万円が購入費用の総額となればよいことになる。

第6編

相続・事業承継

1 贈与と法律

目標5分 覚えるのはたったコレだけ!!

1 贈与と法律

①**書面によらない贈与契約**は、すでに履行が終わった部分を除き、撤回することができる。**書面による贈与**は、原則として撤回することができない。また、契約であるため、一方的な意思表示では成立しない。

②夫婦間でした贈与契約は、第三者の権利を害しない限り、婚姻中、**いつでも**夫婦の一方から取り消すことができる。

③**停止条件付贈与契約**とは、所定の条件が成就することによりその効力が生じる贈与契約をいう。

④**負担付贈与契約**とは、受贈者に一定の債務を負担させる贈与契約をいう。負担を受贈者が履行しない場合、贈与者は当該契約を解除することができる。また、負担の限度において、売買契約の売主と同様の**担保責任**を負う。

⑤**死因贈与**とは、贈与者の死亡によって効力を生ずる贈与契約をいう。贈与者の死亡以前に受贈者が死亡したときは、その効力を生じない。原則として、**遺言**により契約を撤回することができる。

⑥**定期贈与契約**は、原則として贈与者または受贈者の死亡により効力を失う。

⑦口頭による贈与における財産の取得時期は、原則として**贈与の履行の時**である。

⑧書面による贈与における財産の取得時期は、原則として**当該贈与契約の効力が発生した時**である。停止条件付贈与における財産の取得時期は、原則として**条件が成就した時**である。

目標2分 ○か×か？ 暗記確認ドリル

1 贈与と法律

❏❏❏ 書面によらない贈与契約は、<u>すでに履行が終わった部分を含めて</u>、撤回することができる。書面による贈与は、原則として撤回することができない。　　　　　　　　　　　　　　　　　　　　☞①答 ×

❏❏❏ 夫婦間でした贈与契約は、第三者の権利を害しない限り、婚姻中、いつでも夫婦の一方から取り消すことができる。　　　☞②答 ○

❏❏❏ 停止条件付贈与契約とは、所定の条件が成就することによりその効力が生じる贈与契約をいう。　　　　　　　　　　　　☞③答 ○

❏❏❏ 負担付贈与契約とは、受贈者に一定の債務を負担させる贈与契約をいう。負担を受贈者が履行しない場合でも、贈与者は当該契約を<u>解除することはできない</u>。　　　　　　　　　　　　　　　　　　　☞④答 ×

❏❏❏ 死因贈与とは、贈与者の死亡によって効力を生ずる贈与契約をいう。贈与者の死亡以前に受贈者が死亡したときは、その効力を生じない。原則として、遺言により契約を撤回することができる。　　　☞⑤答 ○

❏❏❏ 定期贈与契約は、原則として贈与者または受贈者の死亡により効力を失う。　　　　　　　　　　　　　　　　　　　　　　　　☞⑥答 ○

❏❏❏ 口頭による贈与における財産の取得時期は、原則として<u>贈与契約締結の時</u>である。　　　　　　　　　　　　　　　　　　　☞⑦答 ×

❏❏❏ 書面による贈与における財産の取得時期は、原則として当該贈与契約の効力が発生した時である。停止条件付贈与における財産の取得時期は、原則として条件が成就した時である。　　　　　　　　　☞⑧答 ○

・237・

目標5分 過去問・予想問にチャレンジ

【問題】

贈与に関する次の記述のうち、最も不適切なものはどれか。

1. 贈与契約は、当事者の一方が自己の財産を無償で相手方に与える意思表示をすることにより成立し、相手方が受諾する必要はない。
2. 定期贈与は、贈与者または受贈者の死亡によって、その効力を失う。
3. 負担付贈与においては、受贈者が負担すべき債務を履行しない場合、贈与者はその贈与契約を解除することができる。
4. 死因贈与は、贈与者の死亡以前に受贈者が死亡したときは、その効力を生じない。

（学科 2015.5 問 51）

【解説】

正解 1

1. **不適切** 贈与契約も契約であり、当事者の意思表示の合致が必要である。したがって、贈与者の一方的な意思表示では成立しない。　⇨①
2. **適切** 定期贈与契約は、原則として、贈与者または受贈者の死亡により効力を失う。　⇨⑥
3. **適切** 負担付贈与においては、受贈者が負担すべき債務を履行しない場合、売買契約などと同様に贈与者はその贈与契約を解除することができる。　⇨④
4. **適切** 死因贈与は、贈与者の死亡以前に受贈者が死亡したときは、その効力を生じない。　⇨⑤

目標5分 過去問・予想問にチャレンジ

【問題】
贈与契約に関する次の記述のうち、最も不適切なものはどれか。
1. 定期贈与契約は、原則として、贈与者または受贈者の死亡により効力を失う。
2. 死因贈与契約は、贈与者の一方的な意思表示により成立する。
3. 死因贈与契約の贈与者は、原則として、遺言によりその契約を撤回することができる。
4. 負担付贈与契約の贈与者は、その負担の限度において、売買契約の売主と同様の担保責任を負う。

（学科 2016.1 問51）

【解説】
正解 2

1. 適切 定期贈与契約は、原則として、贈与者または受贈者の死亡により効力を失う。 ⇨⑥
2. 不適切 死因贈与契約も契約であり、当事者の意思表示の合致が必要である。したがって、贈与者の一方的な意思表示では成立しない。 ⇨①
3. 適切 死因贈与契約の贈与者は、原則として、遺言によりその契約を撤回することができる。 ⇨⑤
4. 適切 通常の贈与契約と異なり、負担付贈与契約の贈与者は、その負担の限度において、売買契約の売主と同様の担保責任を負う。 ⇨④

2 贈与と税金(1)

目標5分 覚えるのはたったコレだけ!!

1 贈与税の計算

①贈与税は、**1月1日**から**12月31日**までに受けた贈与財産の価額を合計して計算する。翌年の2月1日から3月15日の間に申告を行う。延納も認められる。

②贈与税の基礎控除額は、**110万円**である。1暦年間に複数人から贈与を受けた場合でも、**110万円**である。

③著しく低額で財産の譲渡を受けた場合には、**贈与税**の対象となる。債務免除を受けた場合も、**贈与税**の対象となる。

④法人から贈与された財産は、**贈与税**ではなく、**所得税**の対象となる。

⑤扶養義務者から贈与を受けた財産のうち、**生活費**または**教育費**として通常必要と認められるものは、贈与税の課税対象とならない。

2 贈与税の配偶者控除

⑥贈与税の配偶者控除は、婚姻期間が**20年**以上である配偶者からの居住用不動産または居住用不動産を取得するための金銭の贈与についてその適用があり、控除限度額は**2,000万円**である。基礎控除**110万円**の他に、**2,000万円**を控除することができる。

⑦贈与税の配偶者控除は、同一の夫婦間では、**一生**に一度しか適用することができない。

⑧贈与税の配偶者控除を適用すると贈与税額が**0円**となるときでも、申告をする必要がある。

目標2分 〇か×か？ 暗記確認ドリル

1 贈与税の計算

❏❏❏ 贈与税は、<u>4月1日から翌年の3月31日</u>までに受けた贈与財産の価額を合計して計算する。 ☞①答 ×

❏❏❏ 贈与税の基礎控除額は、110万円である。1暦年間に複数人から贈与を受けた場合でも、110万円である。 ☞②答 〇

❏❏❏ 著しく低額で財産の譲渡を受けた場合には、贈与税の対象となる。債務免除を受けた場合も、贈与税の対象となる。 ☞③答 〇

❏❏❏ 法人から贈与された財産は、<u>贈与税の対象となる</u>。 ☞④答 ×

❏❏❏ 扶養義務者から贈与を受けた財産のうち、生活費または教育費として通常必要と認められるものは、贈与税の課税対象とならない。 ☞⑤答 〇

2 贈与税の配偶者控除

❏❏❏ 贈与税の配偶者控除は、婚姻期間が20年以上である配偶者からの居住用不動産または居住用不動産を取得するための金銭の贈与についてその適用があり、控除限度額は2,000万円である。2,000万円を控除した場合、<u>基礎控除110万円を控除することはできない</u>。 ☞⑥答 ×

❏❏❏ 贈与税の配偶者控除は、同一の夫婦間では一生に一度しか適用することができない。 ☞⑦答 〇

❏❏❏ 贈与税の配偶者控除を適用すると贈与税額が0円となるときは、申告をする<u>必要はない</u>。 ☞⑧答 ×

目標5分 過去問・予想問にチャレンジ

【問 題】
贈与税の配偶者控除に関する次の記述の空欄（ア）～（ウ）に入る適切な語句または数値を語群の中から選び、その番号のみを解答欄に記入しなさい。

贈与税の配偶者控除は、婚姻期間が（ア）以上の配偶者から自己の居住用不動産または居住用不動産を取得するための金銭の贈与を受け、一定の期間内に居住する等の所定の要件を満たした場合に適用を受けることができる。
贈与税の配偶者控除の適用を受けると、贈与を受けた財産の価格から、贈与税の基礎控除110万円（イ）、最高（ウ）万円まで控除をすることができる。

<語群>
1．10年　　 2．20年　　 3．30年　　 4．を含めて　　 5．とは別に
6．1,000　　7．2,000　　8．2,500　　9．3,000

（実技 2016.1 問20）

【解 説】
正解 （ア）2　（イ）5　（ウ）7
（ア）贈与税の配偶者控除は、婚姻期間が20年以上ある必要がある。　⇨⑥
（イ）（ウ）配偶者控除の適用を受けると基礎控除（110万円）とは別に最高2,000万円までの控除をすることができる。　⇨⑥

目標5分 過去問・予想問にチャレンジ

【問題】

平成27年8月に夫から下記の財産を受けた妻が贈与税の配偶者控除の適用を受けた場合、平成27年分の贈与税の課税価格から控除することができる金額（基礎控除額と配偶者控除額との合計額）として、最も適切なものはどれか。なお、妻は、平成27年中に下記以外の贈与は受けていないものとし、納付すべき贈与税額が最も少なくなるように計算すること。

贈与財産	贈与時の相続税評価額
居住用家屋とその敷地	1,900万円
株式	300万円

1. 1,900万円
2. 2,000万円
3. 2,010万円
4. 2,110万円

（学科 2015.9 問51）

【解説】

正解　3

配偶者控除の適用を受けると基礎控除（110万円）とは別に最高2,000万円までの控除をすることができる。　　　　　　　　　　　　　　　　　　⇨⑥
本問では、配偶者控除の対象となる居住用家屋とその敷地の評価額が1,900万円のため、配偶者控除は1,900万円となる。
それに基礎控除110万円を加えて、控除額は2,010万円となる。

3 贈与と税金(2)

> **目標5分** 覚えるのはたったコレだけ!!

1 相続時精算課税制度

①相続時精算課税制度の対象となる贈与者は、満60歳以上の者であり、受贈者は、満20歳以上の推定相続人(養子を含む)および満20歳以上の孫である。

②相続時精算課税を選択した場合の贈与税額は、課税価格から特別控除額(累計で2,500万円)を控除した後の残額に、一律20%の税率を乗じて算出する。

③特定の贈与者からの贈与について相続時精算課税制度の適用を受けた場合、その後、同じ贈与者からの贈与について暦年課税に変更することはできない。

2 直系尊属から住宅取得等資金の贈与を受けた場合の贈与税の非課税制度

④良質な住宅用家屋、それ以外の住宅を購入するため取得等の資金の贈与を受けた場合、一定額が非課税となる。受贈者は満20歳以上で合計所得金額が2,000万円以下でなければならない。基礎控除または相続時精算課税制度のいずれかと併用することができる。

3 教育資金の一括贈与に係る贈与税の非課税制度

⑤直系尊属が30歳未満の受贈者に対して、教育資金にあてるために金銭を贈与し、教育資金口座の開設等をした場合には、1,500万円まで(学校等に支払われる授業料等以外の教育資金は500万円まで)が非課税とされる。

目標2分 〇か ×か？　暗記確認ドリル

1　相続時精算課税制度

☐☐☐　相続時精算課税制度の対象となる贈与者は満60歳以上の者であり、受贈者は満20歳以上の推定相続人（養子を含む）および満20歳以上の孫である。　☞①答〇

☐☐☐　相続時精算課税を選択した場合の贈与税額は、課税価格から特別控除額（累計で2,000万円）を控除した後の残額に、一律25％の税率を乗じて算出する。　☞②答×

☐☐☐　特定の贈与者からの贈与について相続時精算課税制度の適用を受けた場合、その後、同じ贈与者からの贈与について暦年課税に変更することはできない。　☞③答〇

2　直系尊属から住宅取得等資金の贈与を受けた場合の贈与税の非課税制度

☐☐☐　良質な住宅用家屋、それ以外の住宅を購入するため取得等の資金の贈与を受けた場合、一定額が非課税となる。受贈者は満20歳以上で合計所得金額が3,000万円以下でなければならない。　☞④答×

3　相続時精算課税制度

☐☐☐　直系尊属が30歳未満の受贈者に対して、教育資金にあてるために金銭を贈与し、教育資金口座の開設等をした場合には、2,000万円まで（学校等に支払われる授業料等以外の教育資金は500万円まで）が非課税とされる。　☞⑤答×

目標5分 過去問・予想問にチャレンジ

【問題】

香川孝太さん(38歳)は、父(69歳)と母(65歳)から下記<資料>の贈与を受けた。孝太さんの平成27年分の贈与税額として、正しいものはどれか。なお、父からの贈与については、平成26年から相続時精算課税制度の適用を受けている(適用要件は満たしている)。

<資料>

[平成27年中の贈与]
- 父から贈与を受けた金銭の額：1,800万円
- 母から贈与を受けた金銭の額：300万円

[平成26年中の贈与]
- 父から贈与を受けた金銭の額：1,000万円

※ 平成26年中および平成27年中に上記以外の贈与はないものとする。
※ 住宅取得等資金に係る贈与はないものとする。

<贈与税の速算表>

(イ) 20歳以上の者が直系尊属から贈与を受けた財産の場合

基礎控除後の課税価格	税率	控除額
200万円 以下	10%	—
200万円 超 400万円 以下	15%	10万円
400万円 超 600万円 以下	20%	30万円
600万円 超 1,000万円 以下	30%	90万円
1,000万円 超 1,500万円 以下	40%	190万円
1,500万円 超 3,000万円 以下	45%	265万円
3,000万円 超 4,500万円 以下	50%	415万円
4,500万円 超	55%	640万円

(ロ) 上記(イ)以外の場合

基礎控除後の課税価格	税率	控除額
200万円 以下	10%	—
200万円 超 300万円 以下	15%	10万円
300万円 超 400万円 以下	20%	25万円

目標5分 過去問・予想問にチャレンジ

400万円 超	600万円 以下	30%	65万円
600万円 超	1,000万円 以下	40%	125万円
1,000万円 超	1,500万円 以下	45%	175万円
1,500万円 超	3,000万円 以下	50%	250万円
3,000万円 超		55%	400万円

1．680,000 円
2．790,000 円
3．820,000 円
4．950,000 円

（実技 2016.1 問 21）

【解　説】

正解　2

父からの贈与は相続時精算課税制度の適用を受けているため、2,500万円を超える部分に20％の税率で課税される。　　　　　　　　　　　⇨②

（1,000万円 + 1,800万円 − 2,500万円）×20％ = 60万円

母からの贈与については、基礎控除110万円を控除した金額に課税される。

⇨本編2課②

（300万円 − 110万円）×10％ = 19万円

したがって、合計79万円が贈与税額となる。

4 相続と法律(1)

目標5分 覚えるのはたったコレだけ!!

1 法定相続人と相続分

①配偶者は必ず相続人となる。配偶者以外の相続人は、(a)**子**、(b)**直系尊属**（**父母**）、(c)**兄弟姉妹**の順番に相続人となる。

②配偶者と子が相続人となった場合、配偶者の相続分は**2分の1**、子の相続分は**2分の1**となり、子で均等に分ける。実子も養子も相続分は**均等**である。

③配偶者と直系尊属が相続人となった場合、配偶者の相続分は**3分の2**、直系尊属の相続分は**3分の1**となり、直系尊属で均等に分ける。

④配偶者と兄弟姉妹が相続人となった場合、配偶者の相続分は**4分の3**、兄弟姉妹の相続分は**4分の1**となり、兄弟姉妹で均等に分ける。ただし、半血（父違い、母違い）の兄弟姉妹については法定相続分が50％となる。

⑤被相続人が死亡する前に子が死亡していた、相続欠格事由に該当していた、相続人から廃除されていた場合には、その子（孫）が相続人となる。これを代襲相続という。なお、**放棄した場合**には、代襲相続は生じない。

2 相続の承認と放棄

⑥相続人は、自己のために相続の開始があったことを**知った時**から原則として**3カ月**以内に、その相続について単純承認、限定承認または放棄をしなければならない。

⑦**限定承認**をする場合、相続人が複数人いるときは、共同相続人の全員が共同して行わなければならない。

目標2分 ○か×か？ 暗記確認ドリル

1 法定相続人と相続分

☐☐☐ 配偶者は必ず相続人となる。配偶者以外の相続人は、(a)子、(b)直系尊属（父母）、(c)兄弟姉妹の順番に相続人となる。　☞①答○

☐☐☐ 配偶者と子が相続人となった場合、配偶者の相続分は2分の1、子の相続分は2分の1となり、子で均等に分ける。実子と養子の相続分は異なる。　☞②答×

☐☐☐ 配偶者と直系尊属が相続人となった場合、配偶者の相続分は3分の2、直系尊属の相続分は3分の1となり、直系尊属で均等に分ける。　☞③答○

☐☐☐ 配偶者と兄弟姉妹が相続人となった場合、配偶者の相続分は4分の3、兄弟姉妹の相続分は4分の1となり、兄弟姉妹で均等に分ける。ただし、半血の兄弟姉妹については法定相続分が50％となる。　☞④答○

☐☐☐ 被相続人が死亡する前に子が死亡していた、相続欠格事由に該当していた、相続人から廃除されていた、相続を放棄した場合には、その子（孫）が相続人となる。これを代襲相続という。　☞⑤答×

2 相続の承認と放棄

☐☐☐ 相続人は、相続の開始があった日から原則として3カ月以内に、その相続について単純承認、限定承認または放棄をしなければならない。　☞⑥答×

☐☐☐ 限定承認をする場合、相続人が複数人いるときは、共同相続人の全員が共同して行わなければならない。　☞⑦答○

過去問・予想問にチャレンジ（目標5分）

【問題】

邦彦さんは、おじの輝夫さんが死亡した場合の相続について、FPの伊丹さんに質問をした。仮に現時点（平成28年1月1日時点）で輝夫さんが死亡した場合の輝夫さんの相続に関するFPの伊丹さんの次の説明のうち、最も適切なものはどれか。なお、相続を放棄した者はいないものとする。

Ⅱ．安藤家の親族関係図

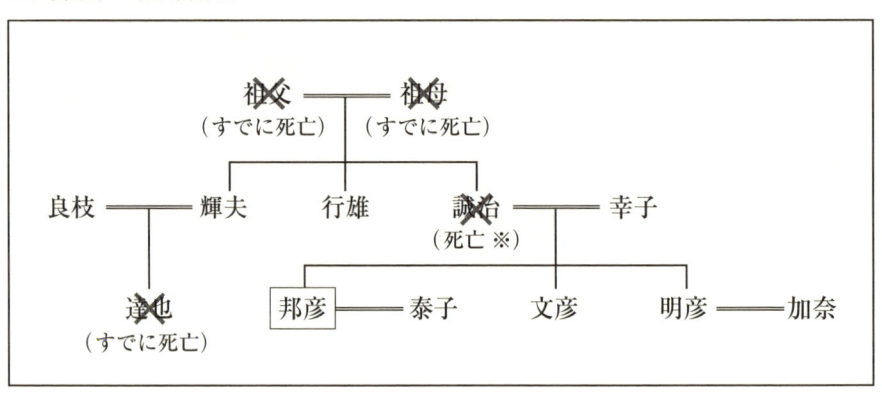

```
         祖父 ―――― 祖母
      （すでに死亡） （すでに死亡）
    ┌───────┬───────┬───────┐
   良枝―輝夫   行雄    誠治―幸子
                    （死亡※）
    │              ┌──┬──┬──┐
   達也           邦彦―泰子 文彦 明彦―加奈
 （すでに死亡）
```

※邦彦さんの父の誠治さんは平成27年12月21日に死亡している。

1．「輝夫さんが死亡した場合の法定相続人は良枝さんだけであり、邦彦さんは法定相続人ではありませんので、法定相続分はありません（ゼロです）。」
2．「輝夫さんが死亡した場合の法定相続人は良枝さんと行雄さんだけであり、邦彦さんは法定相続人ではありませんので、法定相続分はありません（ゼロです）。」
3．「輝夫さんが死亡した場合の法定相続人は、良枝さん、行雄さん、邦彦さん、文彦さん、明彦さんで、良枝さんの法定相続分は3分の2です。」
4．「輝夫さんが死亡した場合の法定相続人は、良枝さん、行雄さん、邦彦さん、文彦さん、明彦さんで、邦彦さんの法定相続分は24分の1です。」

（実技 2016.1 問36）

| 目標5分 | 過去問・予想問にチャレンジ

【解　説】

正解　4

輝夫が死亡した場合、配偶者の良枝が相続人となる。一方、子・直系尊属が死亡しているため、兄弟姉妹も法定相続人となる。そのうち、誠治はすでに死亡しているため、誠治の子供である邦彦・文彦・明彦が代襲相続する。代襲相続したものは、被代襲者(誠治)の相続分を分けることとなる。

配偶者と兄弟姉妹が相続人なので、配偶者の良枝の法定相続分は4分の3である。また、行雄は、残りの4分の1を2等分した8分の1が法定相続人となる。そして、邦彦・文彦・明彦の法定相続分は誠治の法定相続分となるはずだった8分の1を3人で分けるため24分の1となる。　⇨ ①④⑤

5 相続と法律(2)

目標5分 覚えるのはたったコレだけ!!

1 遺言

①遺言は、**満15歳**以上であれば単独でできる。遺言はいつでも撤回することができる。

②**自筆証書遺言**は、遺言者が遺言の全文、日付、氏名を自書し押印する。証人は不要であるが、遺言者の死後、**検認**の手続きが必要となる（検認を行わなくとも、遺言は無効とはならない）。日付は、暦上の特定の日を表示していることが客観的に判断できればよい。押印は**認印**でよい。

③**公正証書遺言**は、遺言者が遺言の趣旨を口述し、公証人がそれを筆記して作成される。**2名**以上の証人が必要である。

④**秘密証書遺言**は、遺言者が遺言書に署名押印し、封印する。公証人および2名以上の証人が遺言の存在を確認する。**検認**の手続きが必要となる。

2 遺産分割

⑤遺産分割協議は、**全員の合意**で解除することができる。

⑥**換価分割**では、遺産の全部または一部を売却し、その代金を分割する。

⑦**代償分割**では、遺産を相続人の一部が取得し、その者が他の共同相続人に対し債務を負担する。

3 遺留分

⑧遺言が遺留分を侵害する場合には、相続人は遺留分の支払いを請求（遺留分減殺請求）できる。なお、遺留分を侵害する遺言も**有効**である。

⑨遺留分は、法定相続人が直系尊属のみの場合は法定相続分の**3分の1**、それ以外の場合は**2分の1**となる。**兄弟姉妹**には遺留分はない。

目標2分 〇か×か？　暗記確認ドリル

1　遺　　言

❏❏❏　遺言は18歳以上に限り単独でできる。　☞①答 ×

❏❏❏　自筆証書遺言は、遺言者が遺言の全文、日付、氏名を自書し押印する。証人は不要であるが、遺言者の死後、検認の手続きが必要となる。日付は、暦上の特定の日を表示していることが客観的に判断できればよい。押印は認印でよい。　☞②答 〇

❏❏❏　公正証書遺言は、遺言者が遺言の趣旨を口述し、公証人がそれを筆記して作成される。3名以上の証人が必要である。　☞③答 ×

❏❏❏　秘密証書遺言は、遺言者が遺言書に署名押印し、封印する。公証人および2名以上の証人が遺言の存在を確認する。検認の手続きは不要である。
　☞④答 ×

2　遺産分割

❏❏❏　遺産分割協議は全員の合意でも解除することができない。　☞⑤答 ×

❏❏❏　換価分割では、遺産の全部または一部を売却し、その代金を分割する。
　☞⑥答 〇

❏❏❏　代償分割では、遺産を相続人の一部が取得し、その者が他の共同相続人に対し債務を負担する。　☞⑦答 〇

3　遺留分

❏❏❏　遺言の内容が遺留分を侵害する場合には、遺言は無効である。　☞⑧答 ×

❏❏❏　遺留分は、法定相続人が直系尊属のみの場合は法定相続分の3分の1、それ以外の場合は2分の1となる。兄弟姉妹にも遺留分は認められる。
　☞⑨答 ×

過去問・予想問にチャレンジ（目標5分）

【問題】
下記＜資料＞は、谷口勇次さんが作成した自筆証書遺言である。自筆証書遺言に関する次の（ア）〜（エ）の記述について、正しいものには〇、誤っているものには×を解答欄に記入しなさい。

＜資料＞

```
                    遺言書

  遺言者　谷口勇次は次のとおり遺言をする。
  第1条　遺言者に属する財産のうち、長男　谷口俊之　に以下の不動産を
        相続させる。
    1　土地
        所　　在　神奈川県〇〇市△△1丁目
        地　　番　56番5
        地　　目　宅地
        地　　積　148㎡
    2　家屋
        所　　在　神奈川県〇〇市△△1丁目56番地5
        家屋番号　56番5
        種　　類　居宅
        構　　造　木造瓦葺2階建
        床面積　　1階　72㎡
                2階　66㎡
  第2条　遺言者に属する財産のうち、二男　谷口勝　には、第1条記載の
        財産を除く一切の財産を相続させる。
  第3条　神奈川県〇〇市△△1丁目3番4号　弁護士　宇野智子　を遺
        言執行者に指定する。

                        平成26年の私の誕生日
                        神奈川県〇〇市△△1丁目36番7号
                          遺言者　谷口　勇次　㊞
```

目標5分 過去問・予想問にチャレンジ

(ア) この遺言書では、日付が「平成26年の私の誕生日」となっているが、遺言の作成日が暦上の特定の日を表示していることが客観的に判断できれば、日付の記載として有効である。
(イ) 谷口さんが、遺言の内容を自分の兄に代筆してもらい、名前のみ自署した場合には、遺言そのものが無効となる。
(ウ) 谷口さんの相続開始後、この遺言書の保管者または発見した相続人は、家庭裁判所に検認を請求しなければならず、検認の手続きを経なければ、遺言そのものが無効となる。
(エ) 自筆証書遺言への押印は、遺言者本人の実印でなければならず、認印による場合は無効となる。

（実技 2015.5 問19）

【解　説】
正解　（ア）〇　（イ）〇　（ウ）×　（エ）×
(ア) 遺言には作成日の記載が必要であるが、暦上の特定の日を表示していることが客観的に判断できれば、日付の記載として有効である。　⇨②
(イ) 自筆証書遺言は自分で書く必要があり、兄であっても代筆は許されない。
　　　　　　　　　　　　　　　　　　　　　　　　　　　　　　　　　⇨②
(ウ) 自筆証書遺言は検認をしなければならないが、検認を経なくとも遺言は無効とはならない。　⇨②
(エ) 自筆証書遺言の押印については、実印は求められない。認印でも問題はない。　⇨②

6 相続と税金(1)

目標5分 覚えるのはたったコレだけ!!

1 課税財産

①相続税は、死亡した人の財産を<u>相続</u>や<u>遺贈</u>（<u>死因贈与</u>を含む）によって取得した場合に、その取得した財産に課税される。

②相続税は、被相続人の死亡後<u>3年</u>以内に支給が確定した<u>死亡退職金</u>、被相続人が保険料を負担していた生命保険契約の<u>死亡保険金</u>などにも課税される。

③相続または遺贈で財産を取得した人が、被相続人の死亡前<u>3年</u>以内に被相続人から財産の贈与を受けていた場合には、原則としてその財産の贈与された時の価額を相続財産の価額に加算する。

④相続または遺贈で財産を取得した人が、被相続人から生前、<u>相続時精算課税</u>の適用を受ける財産を贈与により取得していた場合には、その贈与財産の価額（<u>贈与</u>時の価額）を相続財産の価額に加算する。

2 非課税(1)

⑤相続税は、墓地や墓石、仏壇、仏具、神を祭る道具など<u>日常礼拝をしている物</u>には課税されない。

⑥<u>借入金などの債務</u>は、課税財産から控除される。また、<u>葬式費用</u>も控除される。ただし、<u>香典返し</u>の費用、墓石、墓地の買入れ・借入れのための費用、初七日・法事の費用、<u>遺言執行費用</u>は控除されない。

目標2分 ○か×か？ 暗記確認ドリル

1 課税財産

☐☐☐ 相続税は、死亡した人の財産を相続や遺贈（死因贈与を含む）によって取得した場合に、その取得した財産に課税される。 ☞①答○

☐☐☐ 相続税は、被相続人の死亡後3年以内に支給が確定した死亡退職金、被相続人が保険料を負担していた生命保険契約の死亡保険金などにも課税される。 ☞②答○

☐☐☐ 相続または遺贈で財産を取得した人が、被相続人の死亡前<u>5年以内</u>に被相続人から財産の贈与を受けていた場合には、原則としてその財産の贈与された時の価額を相続財産の価額に加算する。 ☞③答×

☐☐☐ 相続または遺贈で財産を取得した人が、被相続人から生前、相続時精算課税の適用を受ける財産を贈与により取得していた場合には、その贈与財産の価額（<u>相続開始時の価額</u>）を相続財産の価額に加算する。 ☞④答×

2 非課税(1)

☐☐☐ 相続税は、墓地や墓石、仏壇、仏具、神を祭る道具など日常礼拝をしている物には課税されない。 ☞⑤答○

☐☐☐ 借入金などの債務は課税財産から控除される。また、葬式費用、香典返しの費用、墓石、墓地の買入れ・借入れのための費用、初七日・法事の費用も<u>控除される</u>。 ☞⑥答×

目標5分 過去問・予想問にチャレンジ

【問 題】
下記<資料>に基づき、各人の相続税の課税価格に加算される財産の価額に関する次の記述の空欄（ア）～（ウ）に入る適切な語句を語群の中から選び、その番号のみを解答欄に記入しなさい。なお、同じ語句を何度選んでもよいこととする。

<資料>

［親族関係図］

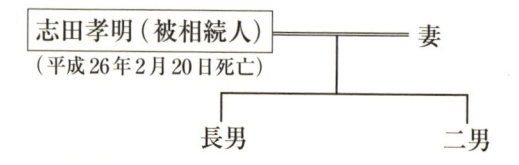

志田孝明（被相続人）
（平成26年2月20日死亡）
― 妻
├ 長男
└ 二男

［各相続人への贈与財産］
各相続人は志田孝明さんの相続開始前に、次のとおり贈与により財産を取得している。

贈与年月日	贈与者	受贈者	財産	贈与時の価額
平成23年4月1日	被相続人	妻	居住用家屋	1,200万円
平成24年6月1日	被相続人	長男	現金	500万円
平成24年6月1日	被相続人	二男	現金	500万円

※各相続人は全員、相続により財産を取得している。
※妻は、平成23年4月1日の贈与については、贈与税の配偶者控除の適用を受けている。
※長男は、平成24年6月1日の贈与については、その全額について「住宅取得等資金の贈与を受けた場合の贈与税の非課税」の適用を受けている。
※二男は、平成24年から相続時精算課税制度を選択している。

目標5分 過去問・予想問にチャレンジ

- 妻の相続税の課税価格に加算する贈与財産の合計金額は（ア）。
- 長男の相続税の課税価格に加算する贈与財産の合計金額は（イ）。
- 二男の相続税の課税価格に加算する贈与財産の合計金額は（ウ）。

＜語群＞
1．ない（0円である）　2．500万円である
3．1,000万円である　4．1,200万円である
5．1,700万円である　6．2,200万円である

（実技 2014.5 問 20）

【解　説】
正解　（ア）1　（イ）1　（ウ）2

（ア）妻は、贈与税の配偶者控除の適用を受けている。そのため、配偶者控除の限度額（2,000万円以下）に満たない1,200万円の贈与については、贈与を受けた金額も0として扱われる。　⇨本編2課⑥

（イ）長男は、住宅取得等資金の贈与を受けた場合の贈与税の非課税の適用を受けている。そのため、贈与を受けた金額も0として扱われる。　⇨本編3課④

（ウ）二男は相続時精算課税制度の適用を受けている。適用を受けた贈与については相続財産に加算される。したがって、500万円となる。　⇨④

7 相続と税金(2)

目標5分 覚えるのはたったコレだけ!!

1 非課税(2)

①死亡退職金、生命保険金については、<u>500万円</u> × 法定相続人の数の額は非課税とされる。

②弔慰金については、業務上の死亡の場合には、死亡時の普通給与×<u>36ヶ月分</u>、業務外の死亡の場合には、死亡時の普通給与の<u>6ヶ月分</u>が非課税とされる。

2 基礎控除

③相続税の基礎控除額は、<u>3,000万円</u>＋<u>600万円</u>×法定相続人の数で算出される。

④相続税の基礎控除額の算出にあたり、相続放棄は<u>なかった</u>ものとして法定相続人の数を決める。

⑤養子は、実子がいる場合<u>1人</u>まで、実子がいない場合<u>2人</u>まで、法定相続人に算入することができる。ただし、特別養子縁組による養子は実子と同じ扱いとする。

目標2分 ○か×か？ 暗記確認ドリル

1 非課税(2)

- 死亡退職金、生命保険金については、1,000万円×法定相続人の数の額は非課税とされる。 ☞① 答 ×
- 弔慰金については、業務上の死亡の場合には、死亡時の普通給与×36ヶ月分、業務外の死亡の場合には、死亡時の普通給与の6ヶ月分が非課税とされる。 ☞② 答 ○

2 基礎控除

- 相続税の基礎控除額は、5,000万円+1,000万円×法定相続人の数で算出される。 ☞③ 答 ×
- 相続税の基礎控除額の算出にあたり、相続放棄した者は、当初からいなかったものとして法定相続人の数を決める。 ☞④ 答 ×
- 養子は、実子がいる場合1人まで、実子がいない場合2人まで、法定相続人に算入することができる。ただし、特別養子縁組による養子は実子と同じ扱いとする。 ☞⑤ 答 ○

目標5分 過去問・予想問にチャレンジ

【問 題】

邦彦さんの父の誠治さんの遺産等が下記のとおりである場合、誠治さんの相続に係る相続税の総額（各相続人等の納付税額を計算する前の金額）として、正しいものはどれか。なお、相続を放棄した者はいないものとする。

<誠治さんの遺産等の内訳（相続税評価額）>

金融資産	8,000万円
不動産（自宅敷地及び建物）	1,600万円（小規模宅地等の評価減適用後の金額）
生命保険金	1,200万円 ※保険契約者及び被保険者は誠治さん、保険金受取人は幸子さんである。
その他の資産（動産等）	200万円
葬式費用	200万円 ※通夜及び本葬に係る費用であり、幸子さんが全額負担した。

<相続税の速算表>

法定相続分に応ずる取得金額	税率	控除額
1,000万円　以下	10%	—
1,000万円　超　3,000万円　以下	15%	50万円
3,000万円　超　5,000万円　以下	20%	200万円
5,000万円　超　1億円　以下	30%	700万円
1億円　超　2億円　以下	40%	1,700万円
2億円　超　3億円　以下	45%	2,700万円
3億円　超　6億円　以下	50%	4,200万円
6億円　超	55%	7,200万円

1．0円

2．475万円

3．640万円

4．1,330万円

目標5分 過去問・予想問にチャレンジ

```
          相父              相母
       (すでに死亡)        (すでに死亡)
            │                │
   ┌────────┼────────┬───────┴──┐
   │        │        │          │
  良枝 ─── 輝夫     行雄       誠治 ─── 幸子
   │                         (死亡※)
   │                            │
   ├──────┬──────────┬──────────┤
   │      │          │          │
  達也   邦彦 ─ 泰子  文彦     明彦 ─── 加奈
(すでに死亡)
```

※ 邦彦さんの父の誠治さんは平成27年12月21日に死亡している。

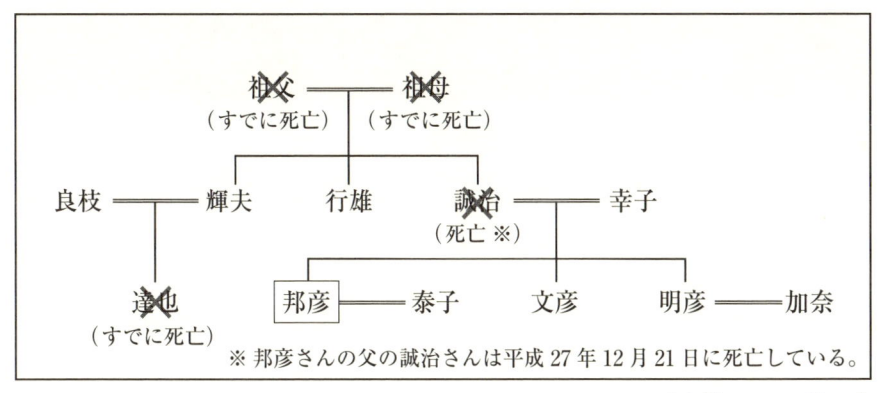

（実技 2016.1 問37）

【解 説】

正解 2

金融資産、不動産、生命保険金、その他の資産は相続財産となるので、相続財産の合計は、1億1,000万円となる。

一方、葬式費用（200万円）は控除される。　　　　　　　⇨本編6課⑥
また、法定相続人が4人いるため
基礎控除：3,000万 + 600万円 ×4 = 5,400万円　　　　　⇨③
生命保険金の非課税：500万円 ×4 = 2,000万円（ただし、生命保険金が1,200万円なのでそれが上限）となる。　　　　　　　　　　　　　⇨①
以上を控除すると、11,000万円 −（200万円 + 5,400万円 + 1,200万円）= 4,200万円が課税対象となる。
妻幸子さんの法定相続分は1/2、子邦彦さん・文彦さん・明彦さんの法定相続分はそれぞれ1/6であるため、　　　　　　　　　　⇨本編4課①②
幸子の相続税：(4,200万円 ×1/2) ×15% − 50万円 = 265万円
邦彦・文彦・明彦の相続税　：4,200万円 ×1/6×10% = 70万円
となり、相続税総額は、265万円 + 70万円 ×3 = 475万円となる。

8 相続と税金(3)

目標5分 覚えるのはたったコレだけ!!

1 配偶者に対する相続税額の軽減

①配偶者に対する相続税額の軽減の適用を受ける場合、財産の価額が、配偶者の**法定相続分相当額**と**1億6,000万円**のいずれか**多い**金額以内であれば、配偶者の納付すべき相続税額はゼロとなる。

②配偶者に対する相続税額の軽減の適用を受けた結果、相続税額が**ゼロ**となった場合でも、相続税の申告書の提出をする必要がある。

2 相続税額の2割加算

③配偶者および**1親等内の血族**(子、父母)以外の者が相続、遺贈により財産を取得した場合には、相続税が2割加算される。ただし、**代襲相続をした孫**は除かれる。

3 相続税の申告・納付

④相続税の申告書の提出義務がある者は、原則として、自己のために相続の開始があったことを知った日の**翌日**から**10ヵ月**以内に、相続税の申告書を納税地の所轄税務署長に提出しなければならない。

⑤年の中途で死亡した場合、相続人が、1月1日から死亡した日までに確定した所得金額及び税額を計算して、相続の開始があったことを知った日の**翌日**から**4か月**以内に申告と納税をしなければならない(**準確定申告**)。

⑥納付すべき納付税額が**10万円**を超えている場合には延納が認められる。延納でも納付が困難な場合には、相続財産による物納が認められる。物納の収納価額は、原則として相続税評価額による。

目標2分 ○か×か？ 暗記確認ドリル

1 配偶者に対する相続税額の軽減

☐☐☐ 配偶者に対する相続税額の軽減の適用を受ける場合、財産の価額が、配偶者の法定相続分相当額と1億6,000万円のいずれか少ない金額以内であれば、配偶者の納付すべき相続税額はゼロとなる。　☞① 答 ×

☐☐☐ 配偶者に対する相続税額の軽減の適用を受けた結果、相続税額がゼロとなった場合でも、相続税の申告書の提出をする必要がある。　☞② 答 ○

2 相続税額の2割加算

☐☐☐ 配偶者および1親等内の血族（子、父母）以外の者が相続、遺贈により財産を取得した場合には、相続税が2割加算される。代襲相続をした孫も含まれる。　☞③ 答 ×

3 相続税の申告・納付

☐☐☐ 相続税の申告書の提出義務がある者は、原則として、自己のために相続の開始があったことを知った日の翌日から3ヵ月以内に、相続税の申告書を納税地の所轄税務署長に提出しなければならない。　☞④ 答 ×

☐☐☐ 年の中途で死亡した場合、相続人が、1月1日から死亡した日までに確定した所得金額及び税額を計算して、相続の開始があったことを知った日の翌日から10か月以内に申告と納税をしなければならない。
　☞⑤ 答 ×

☐☐☐ 納付すべき納付税額が10万円を超えている場合には延納が認められる。延納でも納付が困難な場合には、相続財産による物納が認められる。物納の収納価額は、原則として相続税評価額による。　☞⑥ 答 ○

過去問・予想問にチャレンジ 目標5分

【問題】
下記<資料>の倉田誠さんの相続における手続き等に関する次の記述の空欄（ア）～（ウ）に入る適切な数値を語群の中から選び、解答欄に記入しなさい。なお、同じ数値を何度選んでもよいこととする。

<資料>

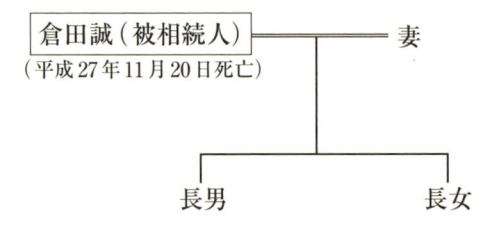

```
          倉田誠（被相続人）――――――― 妻
          （平成27年11月20日死亡）
                  │
           ┌──────┴──────┐
          長男                 長女
```

※ 相続時精算課税制度を選択している相続人はいない。

- 誠さんに平成27年分の所得税の申告義務がある場合、誠さんの相続人は、相続の開始があったことを知った日の翌日から（ア）ヵ月以内に準確定申告を行わなければならない。
- 誠さんの相続人に相続税の申告義務がある場合、相続の開始があったことを知った日の翌日から（イ）ヵ月以内に申告を行わなければならない。
- 誠さんの相続により財産を取得した者が、その相続の開始前（ウ）年以内に誠さんから贈与により財産を取得したことがある場合には、原則として、その贈与により取得した財産の価額を相続税の課税価格に加算したうえで、相続税額を計算する。

<語群>
1　2　3　4　5　6　7　8　9　10　11　12

（実技 2016.1 問 19）

目標5分 過去問・予想問にチャレンジ

【解　説】
正解　（ア）4　（イ）10　（ウ）3

（ア）被相続人に所得があった場合の準確定申告は4ヶ月以内に行う必要がある。　⇨⑤
（イ）相続税の申告は、相続の開始があったことを知った日の翌日から10ヶ月以内に行う必要がある。　⇨④
（ウ）相続により財産を取得した者が、その相続の開始前3年以内に被相続人から贈与により財産を取得したことがある場合には、原則として、その贈与により取得した財産の価額を相続税の課税価格に加算したうえで、相続税額を計算する。　⇨本編6課③

9 相続財産の評価(1)

目標5分 覚えるのはたったコレだけ!!

1 株式

①上場株式の評価は、(a)**課税時期**の終値、(b)**課税時期の属する月の毎日**の終値の平均、(c)**課税時期の属する月の前月の毎日**の終値の平均、(d)**課税時期の属する月の前々月の毎日**の終値の平均の、いずれか最も**低い**金額で評価する。

②取引相場のない（非上場）株式については、同族会社等のうち大会社であれば**類似業績比準方式**・中会社であれば**併用方式**・小会社であれば**純資産価額方式**が適用され、同族株主以外の株主等が取得した場合に**配当還元方式**が適用される。

③土地保有特定会社および株式保有特定会社については、**純資産価額方式**が適用される。

2 生命保険

④相続開始時において、保険事故が発生していない生命保険契約に関する権利の価額は、原則として、相続開始時において契約を解約するとした場合に支払われることとなる**解約返戻金**の額によって評価される。

3 定期預金

⑤定期預金は、預入残高＋（相続開始時において解約した場合に支払いを受けることができる利子－**源泉所得税相当額**）で評価される。

目標2分 ○か×か？ 暗記確認ドリル

1 株　　式

☐☐☐ 上場株式の評価は、(a) 課税時期の終値、(b) 課税時期の属する月の毎日の終値の平均、(c) 課税時期の属する月の前月の毎日の終値の平均、(d) 課税時期の属する月の前々月の毎日の終値の平均、のいずれか最も高い金額で評価する。☞①答 ×

☐☐☐ 取引相場のない（非上場）株式については、同族会社等のうち大会社であれば類似業績比準方式・中会社であれば併用方式・小会社であれば純資産価額方式が適用され、同族株主以外の株主等が取得した場合に配当還元方式が適用される。☞②答 ○

☐☐☐ 土地保有特定会社および株式保有特定会社については、純資産価額方式が適用される。☞③答 ○

2 生命保険

☐☐☐ 相続開始時において、保険事故が発生していない生命保険契約に関する権利の価額は、原則として、相続開始時において契約を解約するとした場合に支払われることとなる解約返戻金の額によって評価される。
☞④答 ○

3 定期預金

☐☐☐ 定期預金は、預入残高＋相続開始時において解約した場合に支払いを受けることができる利子で評価される。☞⑤答 ×

目標5分 過去問・予想問にチャレンジ

【問題】
神田さんは、父が平成27年4月6日に死亡し、NW株式会社の上場株式を相続により取得した。この上場株式の1株当たりの相続税評価額として、正しいものはどれか。

＜NW株式会社の株式の株価状況＞

区分	金額
平成27年4月6日の終値	3,500円
平成27年4月の毎日の終値の平均額	3,650円
平成27年3月の毎日の終値の平均額	3,480円
平成27年2月の毎日の終値の平均額	3,410円
平成27年1月の毎日の終値の平均額	3,350円

1．3,350円
2．3,410円
3．3,480円
4．3,500円

（実技2015.9 問19）

【解説】
正解　2

上場株式の評価は、(a)課税時期の終値、(b)課税時期の属する月の毎日の終値の平均、(c)課税時期の属する月の前月の毎日の終値の平均、(d)課税時期の属する月の前々月の毎日の終値の平均の、いずれか最も低い金額で評価する。　⇨①
したがって、3ヶ月前の月である平成27年1月の毎日の終値は採用されない。それ以外では、平成27年2月の毎日の終値が最も低いため、これを採用する。

過去問・予想問にチャレンジ（目標5分）

【問題】

自社株（非上場株式）を同族株主等が相続または遺贈により取得した場合の株式の評価に関する次の記述のうち、最も適切なものはどれか。なお、選択肢1から3において、評価会社は、いずれも特定の評価会社ではないものとする。

1. 規模区分が大会社と判定された評価会社の株式を取得した場合、当該株式の価額は、原則として、類似業種比準方式により評価する。
2. 規模区分が中会社と判定された評価会社の株式を取得した場合、当該株式の価額は、原則として、類似業種比準方式と配当還元方式の併用方式により評価する。
3. 規模区分が小会社と判定された評価会社の株式を取得した場合、当該株式の価額は、原則として、配当還元方式により評価する。
4. 土地保有特定会社または株式保有特定会社に該当する評価会社の株式を取得した場合、当該株式の価額は、原則として、類似業種比準方式と純資産価額方式の併用方式により評価する。

（学科 2013.9 問 59）

【解　説】

正解　1

大会社であれば類似業績比準方式・中会社であれば類似業績比準方式と純資産価額方式の併用・小会社であれば純資産価額方式が適用される。　⇨②
また、土地保有特定会社または株式保有特定会社であれば純資産価額方式を適用する。　⇨③

10 相続財産の評価(2)

目標5分 覚えるのはたったコレだけ!!

1 宅地・家屋の評価

①<u>路線価</u>は、宅地の価額がおおむね同一と認められる一連の宅地が面している路線ごとに定められている。国税局長が<u>1月1日</u>を評価時点として定める。市街地的形態を形成する地域にある宅地については路線価方式による。

②<u>倍率方式</u>においては、宅地の固定資産税評価額に国税局長が一定の地域ごとに定めた倍率を乗じて計算した金額によって宅地の価額を評価する。路線価方式と異なり補正をしない。

③路線価方式により自用地を評価する場合、<u>路線価 × 奥行価格補正率 × 敷地面積</u>で求められる。

④借地権の評価は、<u>自用地評価額 × 借地権割合</u>で求められる。

⑤貸宅地の評価は、<u>自用地評価額 × (1 －借地権割合)</u>で求められる。

⑥貸家建付地(貸家を建てた土地)の評価は、<u>自用地評価額 × (1 －借地権割合 × 借家権割合 × 賃貸割合)</u>で求められる。

⑦自用家屋の評価は、<u>固定資産税評価額</u>による。貸家の評価は、<u>自用家屋評価額 × (1 －借家権割合 × 賃貸割合)</u>で求められる。

2 小規模宅地等の評価減

⑧特定居住用宅地等では、<u>330㎡</u>を限度面積として、評価額の<u>80%</u>を減額することができる。

⑨特定事業用宅地等では、<u>400㎡</u>を限度面積として、評価額の<u>80%</u>を減額することができる。

⑩貸付事業用宅地等では、<u>200㎡</u>を限度面積として、評価額の<u>50%</u>を減額することができる。

目標2分 〇か×か？ 暗記確認ドリル

1 宅地・家屋の評価

□□□ 路線価は、宅地の価額がおおむね同一と認められる一連の宅地が面している路線ごとに定められている。国税局長が<u>4月1日</u>を評価時点として定める。 ☞①答 ×

□□□ 倍率方式においては、宅地の固定資産税評価額に国税局長が一定の地域ごとに定めた倍率を乗じて計算した金額によって宅地の価額を評価する。路線価方式と異なり補正をしない。 ☞②答 〇

□□□ 路線価方式により自用地を評価する場合、路線価 × 奥行価格補正率 × 敷地面積で求められる。 ☞③答 〇

□□□ 借地権の評価は、自用地評価額 × 借地権割合で求められる。 ☞④答 〇

□□□ 貸宅地の評価は、自用地評価額 × <u>借地権割合</u>で求められる。 ☞⑤答 ×

□□□ 貸家建付地の評価は、自用地評価額 × （1 － 借地権割合 × 借家権割合 × 賃貸割合）で求められる。 ☞⑥答 〇

□□□ 自用家屋の評価は、固定資産税評価額による。貸家の評価は、自用家屋評価額 × （1 － 借家権割合 × 賃貸割合）で求められる。 ☞⑦答 〇

2 小規模宅地等の評価減

□□□ 特定居住用宅地等では、330 ㎡を限度面積として、評価額の<u>50%</u>を減額することができる。 ☞⑧答 ×

□□□ 特定事業用宅地等では、400 ㎡を限度面積として、評価額の80%を減額することができる。 ☞⑨答 〇

□□□ 貸付事業用宅地等では、<u>240 ㎡</u>を限度面積として、評価額の50%を減額することができる。 ☞⑩答 ×

過去問・予想問にチャレンジ 〔目標5分〕

【問 題】
下記＜資料＞の宅地（貸家建付地）について、路線価方式により、相続税評価額を計算しなさい。

＜資料＞

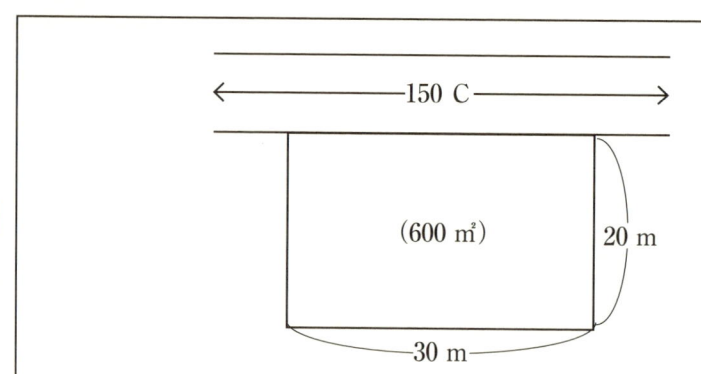

```
←――――― 150 C ―――――→

         (600 ㎡)       20 m

         ―― 30 m ――
```

注1：奥行価格補正率　20m以上24m未満　1.00
注2：借地権割合　70%
注3：借家権割合　30%
注4：この宅地には宅地所有者の賃貸マンションが建っていて、現在満室（すべて賃貸中）となっている。
注5：その他の記載のない条件は考慮しないものとする。

（実技 2016.1 問 18）

【解 説】
正解　7,110万円

貸家建付地の評価は、自用地評価額 ×（1 − 借地権割合 × 借家権割合 × 賃貸割合）で求められる。　⇨⑥

自用地評価額は、路線価 × 奥行価格補正率 × 敷地面積で求められる。本問の場合、150千円 × 1.00 × 600 = 90,000千円となる。　⇨③

したがって、90,000千円 ×（1 − 0.7 × 0.3 × 1）= 71,100千円、つまり、7,110万円となる。

目標5分 過去問・予想問にチャレンジ

【問題】

不動産の相続税評価額に関する次の記述の空欄（ア）～（ウ）にあてはまる語句の組み合わせとして、最も適切なものはどれか。

自己が所有する更地（宅地）に賃貸マンションを建築して賃貸の用に供した場合、建物は貸家として、「（ア）×（1－借家権割合×賃貸割合）」によって算出した価額により評価される。

また、宅地は（イ）として評価され、更地で所有しているときと比べて相続税評価額を引き下げることができる。

例えば、自己が所有する更地（宅地）に賃貸マンションを建築し、借地権割合が60％、借家権割合が30％、賃貸割合が100％とすると、宅地は更地で所有しているときよりも相続税評価額が（ウ）減額されることになる。

1．（ア）固定資産税評価額　（イ）貸家建付地　（ウ）18％
2．（ア）建築費　　　　　　（イ）貸宅地　　　（ウ）18％
3．（ア）建築費　　　　　　（イ）貸家建付地　（ウ）60％
4．（ア）固定資産税評価額　（イ）貸宅地　　　（ウ）60％

（学科 2015.1 問60）

【解説】

正解　1

（ア）建物の評価は固定資産税評価額を基準とする。　⇨⑦
（イ）貸家を建てた所有地は、貸家建付地として評価される。　⇨⑥
（ウ）貸家建付地の評価は、自用地評価額×（1－借地権割合×借家権割合×賃貸割合）で求められる。本問の場合、自用地評価額×（1－0.6×0.3×1）×100＝自用地評価額×82％となり、18％減額される。　⇨⑥

11 相続・事業承継対策・成年後見制度

> **目標5分** 覚えるのはたったコレだけ!!

1　相続対策

①節税対策として、**不動産**の購入・**生命保険**の活用・**生前贈与**などが考えられる。
②遺産分割対策として、**遺言**・**生前贈与**などが考えられる。

2　事業承継対策

③役員退職金の支給、**配当を減らす**（**減配**）によって株価を引き下げることは有効である。
④オーナーが所有する自社の株式を第三者に譲渡することにより相続税の負担が軽くなることもあるが、**経営権の支配**に悪影響を与えることもある。

3　成年後見制度

⑤法定後見制度には、精神上の障害による本人の判断能力の程度によって、**後見**、**保佐**および**補助**の3種類の類型がある。
⑥家庭裁判所に後見開始の審判を請求することができる者には、**本人**またはその**配偶者**のほか、本人の**4親等内の親族**も含まれる。
⑦成年後見人は、成年被後見人が自ら行った法律行為について、**日用品の購入**その他日常生活に関する行為を除き、**取り消す**ことができる。また、成年後見人となるために公の資格は不要である。
⑧任意後見契約は、**公正証書**によって締結しなければならない。

目標2分 ○か×か？ 暗記確認ドリル

1 相続対策

- 節税対策として、不動産の購入・生命保険の活用・生前贈与などが考えられる。 ☞①答○
- 遺産分割対策として、遺言・生前贈与などが考えられる。 ☞②答○

2 事業承継対策

- 役員退職金の支給、<u>配当を増やす（増配）</u>によって株価を引き下げることは有効である。 ☞③答×
- オーナーが所有する自社の株式を第三者に譲渡することにより相続税の負担が軽くなることもあるが、経営権の支配に悪影響を与えることもある。 ☞④答○

3 成年後見制度

- 法定後見制度には、精神上の障害による本人の判断能力の程度によって、<u>後見および補助の2種類</u>の類型がある。 ☞⑤答×
- 家庭裁判所に後見開始の審判を請求することができる者には、本人またはその配偶者のほか、本人の4親等内の親族も含まれる。 ☞⑥答○
- 成年後見人は、成年被後見人が自ら行った法律行為について、日用品の購入その他日常生活に関する行為を<u>含み</u>、取り消すことができる。 ☞⑦答×
- 任意後見契約は、公正証書によって締結する<u>必要はない</u>。 ☞⑧答×

目標5分 過去問・予想問にチャレンジ

【問　題】
中小企業における円滑な事業承継のための方策に関する次の記述のうち、最も不適切なものはどれか。
1．事業承継対策については、オーナー経営者の相続が発生してからでは取り得る対策が限られてしまうため、長期的な視野に立って早い時期から検討することが望ましい。
2．後継者の選定方針を明確にし、後継者候補を社内外に周知するとともに、後継者の十分な育成を早期に図ることが望ましい。
3．オーナー経営者が死亡したときの相続税額の負担を軽減するため、オーナー経営者が保有する自社株式の大半を経営に関与しない第三者に生前に移転しておくことが望ましい。
4．オーナー経営者が保有する自社株式を役員である後継者が取得する際の後継者の資金負担が心配される場合、あらかじめ、後継者の役員報酬を増やす等により相当の金融資産を確保しておく方策が考えられる。

（学科 2015.9 問 60）

【解　説】
正解　3
オーナーが所有する自社の株式を第三者に譲渡することにより相続税の負担が軽くなることもあるが、経営権の支配に悪影響を与えることもある。しがたって、株式の大半を第三者に譲渡することは好ましくない。　　　⇨④

過去問・予想問にチャレンジ 目標5分

【問題】
成年後見制度に関する次の記述のうち、最も不適切なものはどれか。
1. 法定後見制度には、精神上の障害による本人の判断能力の程度によって、後見、保佐および補助の3種類の類型がある。
2. 精神上の障害により事理を弁識する能力を欠く常況にある者について、家庭裁判所に後見開始の審判を請求することができる者には、本人またはその配偶者のほか、本人の4親等内の親族も含まれる。
3. 成年後見人となるためには、弁護士や司法書士などの法律上定められた所定の資格を有している必要がある。
4. 成年後見人は、成年被後見人が自ら行った法律行為について、日用品の購入その他日常生活に関する行為を除き、取り消すことができる。

（学科 2015.1 問 55）

【解説】
正解　3

1. 適切　法定後見制度には、後見、保佐および補助の3種類の類型がある。　⇨⑤
2. 適切　後見開始の審判を請求することができる者には、本人またはその配偶者のほか、本人の4親等内の親族も含まれる。　⇨⑥
3. 不適切　成年後見となるために公の資格は不要である。　⇨⑦
4. 適切　成年後見人は、日用品の購入その他日常生活に関する行為を除き、取り消すことができる。　⇨⑦

> ●著者紹介●
> **竹井　弘二**（たけい・こうじ）　CFP®・行政書士
> 慶應義塾大学法学部卒業。東京リーガルマインド（LEC）講師を経て、IT系企業に転職し、法務・総務を担当。2011年に創業支援、FPサービスなどを提供する株式会社ルミノーゾ・パートナーズを設立。
> **国分　さやか**（こくぶ・さやか）　CFP®
> 創価大学教育学部卒業。旧日本興業銀行の保険代理店や政府系金融機関勤務を経て、現在、企業や高等学校でのセミナー、ラジオ等で金融知識の啓蒙活動に幅広く活躍するほか、資格の学校TACにてFP講師。第4回日本一の講師決定戦E1グランプリ優勝。第4回FPのための小論文コンクール奨励賞。

FP2級 光速合格プラン

2016年9月30日　第1刷発行

著　者	竹　井　弘　二
	国　分　さやか
発行者	株式会社　三　省　堂
	代表者　北口克彦
印刷者	三省堂印刷株式会社
発行所	株式会社　三　省　堂
〒101-8371	東京都千代田区三崎町二丁目22番14号
電話	編　集　（03）3230-9411
	営　業　（03）3230-9412
振替口座	00160-5-54300
	http://www.sanseido.co.jp/

＜FP2級光速合格プラン・288pp.＞

Ⓒ K. Takei, S. Kokubu 2016　　　　　　　　　Printed in Japan
落丁本・乱丁本はお取り替えいたします。
ISBN978-4-385-32408-1

> Ⓡ　本書を無断で複写複製することは、著作権法上の例外を除き、禁じられています。本書をコピーされる場合は、事前に日本複製権センター（03-3401-2382）の許諾を受けてください。また、本書を請負業者等の第三者に依頼してスキャン等によってデジタル化することは、たとえ個人や家庭内での利用であっても一切認められておりません。